만드는 것
일로,
삼았습니다

# 만드는 것
# 일로,
# 삼았습니다

## 여성 작가 15인의 창업 이야기

다가와 미유 지음
김옥영 옮김

에디터
editor

# Contents

만드는 것
일로,
삼았습니다

# 001

작 가 ● **nido**

## 스테인드글라스

스테인드글라스를 통해 들어오는

빛은 춤추듯 흔들리는 움직임에 따라

서로 다른 색과 표정을 보여준다.

어딘지 모르게 향수어린 분위기를 내는

유리의 향연.

멋진 스테인드글라스는

한번 보면 신선한 두근거림을

맛보게 해준다.

# 혼자라면 불가능한 것도 셋이라 해낼 수 있다

도쿄에서도 정겨운 옛 동네 풍경이 아직도 짙게 남아있는 거리 야나카(谷中). 좁은 길 양쪽에 작은 가게들이 조롱조롱한 상점가, 그 한 모퉁이에 아틀리에를 겸하는 〈nido〉의 숍이 있다. 이전에 양재교실이었던 실내는 색색의 스테인드글라스가 반 짝이며 섬세한 빛을 발하고 있다. 램프, 거울, 다양한 형태의 오너먼트(장식물), 앤티크와 스테인드글라스를 융합시킨 오브제 등. 빛이나 불꽃을 비춰보면 또 다른 표정으로 변하며 빛나는 것이 꽤 재미있다. 그 환상적인 채색에 누구라도 단번에 마음을 빼앗기고 말 것이다.

〈nido〉는 야구치 쿄코, 마리 에리코, 고메야 아야코 씨 3인의 여성 스테인드글라스 작가로 이뤄진 그룹이다.

야구치 씨가 스테인드글라스의 매력에 눈을 뜬 것은 파리 여행 때였다. 꽤 오랜 기간 파리에 머물면서 교회의 창에 장식된 스테인드글라스를 보고 말로 다할 수 없는 감동을 받았다.

야구치 씨는 귀국 후 스테인드글라스 학교에 들어가 공부했고, 그곳에서 지금의 파트너 고메야 씨를 만났다. 또 한 명의 파트너 마리 씨는 야구치 씨의 오랜 친구로, 야구치 씨가 학교 졸업 후 스테인드글라스 공방에서 일하는 모습을 보고 흥미를 느껴 함께 배우며 일하기 시작했다. 그러다 '이왕이면 셋이서 함께 일해 보자'고 의기투합해 만든 것이 바로 〈nido〉다.

그러나 처음부터 작업장이 있었던 것은 아니다. 처음에는 각자 자기 집에서 작업하다가 장소도 협소하고 셋이 함께 일할 수 있는 공간이 있었으면 좋겠다는 생각에 아틀리에를 찾게 되었다. 그러나 좀처럼 마음에 드는 건물이 나타나지 않았다. 이곳저곳 둘러봐도 눈에 들지 않았다. 그러던 중 지금의 건물을 본 순간 '여기다' 싶었단다. "원래 양재교실이었죠. 물건을 만들던 곳이라 여기를 아틀리에로 만들면 좋겠단 생각이 떠오르더라고요. 숍을 겸하면서 손님들에게 제작 과정을 보여줄 수 있는 스타일을 원했기 때문에 더할 나위 없이 좋은 곳이었습니다."

이들에게 있어서 스테인드글라스의 매력은 무엇일까?

야구치 씨는 여러 가지 새로운 것을 만들어낼 수 있어서 좋단다.

"흔히 스테인드글라스라고 하면 교회 등에 있는 거대한 장식만을 상상하곤 하는데, 큰 것부터 작은 것까지 못 만드는 게 없어요. 스테인드글라스라는 소재를 사용해 새로운 것들을 다양하게 만들어낼 수 있는 게 너무 좋아요. 무한한 가능성을 느낍니다."

마리 씨는 스테인드글라스가 가진 의외성이 좋단다.

"제가 상상한 것 이상의 작품이 탄생하는 순간 희열을 느낍니다. 전기 가마로 유리를 구워내는데, 어떤 색이 어떻게 나올지 다 식을 때까지 알 수 없거든요. 때로는 하루 종일 작업해서 만들어냈는데 실패할 때도 있어요. 그렇지만 그 예측불허적인 측면이 오히려 재미있어요."

램프나 거울 이외에도 개인주택의 창이나 숍 간판에 들어갈 스테인드글라스 장식을 주문받아 제작하고 있는데, 때로는 작업이 몹시 까다롭기도 하다.

"손님들의 의견을 따르면서 저희들의 개성을 만들어내는 것이 무척 어려워요. 어느 정도까지 〈nido〉의 개성을 나타낼 것인가가 늘 고민되는 부분입니다. 처음에는 무척이나 어려운 주문이라고 생각했던 것도 셋이서 토론해 가면서 만들다 보면 자연스레 문제가 풀립니다. 혼자서는 할 수 없는 것도 셋이 뭉치면 거뜬히 해낼 수 있는 것이죠. 그렇게 해서 완성한 것이 제대로 된 〈nido〉의 작품이 되는 거죠."

야구치 씨의 말에 마리 씨도 공감하는지 고개를 끄덕였다.

공동제작에서 있을 수 있는 의견의 불일치나 대립, 작품 제작에 있어서의 주도권 등은 이 세 사람에게는 별로 상관없는 이야기인 듯하다. 셋이서 그룹을 만들자고 마음먹었을 때부터 철저히 서로 의논해가며 진행했기 때문이다. 기본적인 취향은 서로 닮았지만, 섬세한 부분에 있어서는 세 사람 모두 다르다. 그래도 〈nido〉라는 이름 아래서 물건을 만들기 때문에 그 중심이 되는 선을 벗어나는 것은 있을 수 없다.

셋이 이룬 〈nido〉로서 무엇을 만들어내고 싶은가, 어떤 표현을 하고 싶은가 늘 차분하게 이야기를 나눈다. 이를 통해서 확인되는 표현의 핵심이야말로 '셋이기 때문에 잘 해낼 수 있다'는 자신감을 주는 것이라고 할 수 있다.

〈nido〉의 3명이 이뤄내는 트라이앵글은 절묘한 밸런스를 이루고 있다.

야구치 씨에게 있어서 마리 씨는 오래된 친구. "일심동체 같죠. 취미도 비슷하고, 물건을 만드는 자세나 페이스도 같아요. 함께 하면 더 강해지는 존재라고나 할까요?" "그리고 고메야 씨는 늘 신선한 자극을 주는 사람이에요. 우리 둘이 생각해내지 못하는 새로운 것을 끄집어내는 존재거든요."

한편 마리 씨는 야구치 씨가 자신을 키웠다며 웃는다. "원래 야구치 씨는 친구의 언니였어요. 5살 위인데, 사춘기 때부터 저에게 가장 큰 영향을 준 인물이라고나 할까요. 감각이나 감성이 비슷해요. 척 보면 어떤 게 좋고 어떤 게 싫은지 금새 알 수 있죠. 한편 고메야 씨는 어쩌다 한 번씩 깜짝 놀랄 말한 것들을 말해주는 사람이에요. 우와~ 할 정도의 생각들을 아무렇지도 않게 말하는 게 정말 대단해요. 덕분에 다양한 시각에서 사물을 볼 수 있는 것 같아요."

쌍둥이 같은 감성을 지닌 야구치 씨와 마리 씨, 그리고 새로운 감성을 불어넣어주는 고메야 씨. 자신들 셋만이 알아보는 독특한 밸런스를 유지하고 있다.

아틀리에에서는 판매 외에도 스테인드글라스 제작 교실을 열고 있다. '스테인드글라스를 좀더 친근하게 느끼게 해주고 싶다'는 생각에서 시작한 공개 강습이다. 첫

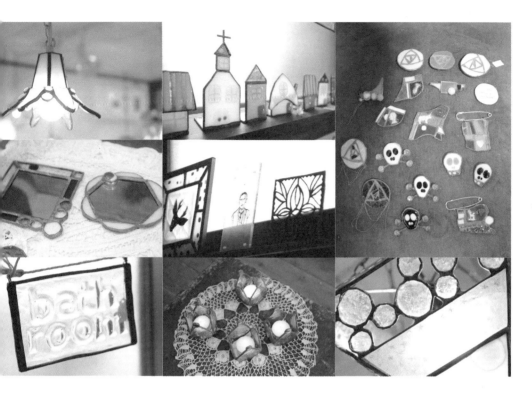

대나 손거울처럼 우리 주변에 있는 친근한 물건들을 만듦으로써 '스테인드글라스는 혼자서도 얼마든지 만들 수 있다'는 것을 알리고 싶단다. 누구나 만들 수 있고, 즐길 수 있는 게 스테인드글라스란 것을.

이곳을 찾는 사람들은 스테인드글라스에 흥미를 가지고 있는 사람들이기 때문에 늘 대화가 그칠 줄 모른다.

"일러스트를 그리거나 뭔가 다른 것을 만들고 싶어 하는 분들이 꽤 많습니다. 사람에 따라서 생각하지도 못했던 전혀 색다른 것이 만들어지기도 하죠. 그것을 확인하는 일도 아주 재미있어요."

앞으로도 이 장소에서 이 스타일 그대로 계속 제작활동을 해나가고 싶다는 세 사람. 언제가 될지는 모르지만, 창문에서부터 램프, 촛대까지 하나의 공간을 온통 〈nido〉의 작품으로 장식해 보고 싶은 꿈도 있다. 그리고 어떤 형태가 되든지 스테인드글라스 제작은 계속해나가고 싶단다.

# nido

**아틀리에 & 숍**

주소...도쿄 다이토구 야나카 3-13-6

전화...03-3824-2257

영업시간...11:00~20:00

휴일...매주 수요일

홈페이지...http://homepage3.nifty.com/nido

**프로필**

**2003년** 스테인드글라스를 학교에서 배운 야구치 씨, 고메야 씨와 야구치 씨의

오랜 친구였던 마리 씨 3명이 함께 활동개시.

**2004년** 아틀리에 겸 숍 오픈. 스테인드글라스 교실 강좌개설.

현재는 아틀리에 활동을 중심으로 주문을 통한 작품을 제작, 판매하고

있다.

**스테인드글라스 작가가 되려면**...강습과정이 있는 학원에 다닌다, 스테인드글라

스 공방에 취직한다, 독자적으로 익힌다, 이 3가지 방법을 고려해 볼 수 있다. 해

외에서는 스테인드글라스 학과가 설치된 대학도 있으므로, 작정하고 유학을 가

는 방법도 있다.

# 002

작 가 ● 나카바야시 우이

## 핸드메이드 가방

귀엽고 정겨운 느낌에 재미까지,

가방 하나하나에 전혀 다른 느낌이 담겨 있다.

작은 사각 가방에 그려 넣은

각각의 장면에는 그곳에만 있는 특별한

작은 세계가 들어있다.

# 오래도록 계속할 수 있는 일을 가진다는 것

나카바야시 씨가 만든 가방을 볼 때는 우선 먼 거리에서 바라보는 것이 좋다. 꽃이나 새, 스키장의 풍경, 기차역에서 파는 도시락 포장 등 다양한 그림과 문양이 있는 가방들 가운데 이거다 싶은 것이 정해지면 조금 더 다가가서 본다.

지그시 지켜보다 보면 자기도 모르는 사이에 '이게 이렇게 만들어진 건가?' 라는 놀라운 발견을 하게 되는 순간이 반드시 찾아온다. 작은 수수께끼를 풀어나가듯 조금씩 답이 보이기 시작한다. 형지로 무늬를 찍어서 염색한 것, 실크스크린, 아플리케, 자수, 지우개 도장을 찍어 만들어낸 것 등 다양한 가방들이 걸려 있다.

나카바야시 씨 본인은 '그렇게밖에 할 줄 몰라서…' 라고 겸손해 하지만, 디테일한 부분까지 정확하게 그려내기 위해 가장 적합한 기법을 골라 사용한다는 것을 알 수 있다.

가방이라는 '캔버스'에 여행 도중에 만난 풍경이나 우연히 발견한 것들이 나카바야시 씨 본인만의 필터를 통해 그려진다.

어릴 때부터 재봉을 좋아했던 나카바야시 씨. 늘 뭔가 손을 움직여서 만들기를 좋아했던 아이였으며, 이미 유치원생일 때 '그림을 그려 밥 먹고 살고 싶다' 라는 생각을 확고히 가졌다.

"모친이 잡화나 골동품을 좋아하셨어요. 그래서 다양한 가게에 데려가주셨고, 집에도 그런 것들이 넘쳐났습니다. 일종의 각인처럼 되어버렸다고나 할까요."

그런 영재교육 덕분인지 고교 졸업 후에는 미술대학에서 패션을 전공했다. "하지만 입학하자마자 패션이랑 저는 잘 맞지 않는다는 것을 알았어요. 너무 유행이 빠르고, 내가 모르는 사이에 유행이 결정되어 버릴 뿐만 아니라 그것으로 모든 것이 좌우되는 걸 쉽게 받아들일 수 없었어요. 게다가 옷 한 벌을 완성하려면 많은 사람들과 함께 작업을 해야 하잖아요. 제가 하고 싶은 것은 그런 일이 아니라고 느꼈습니다."

그래서 패션 전공임에도 불구하고 대학 시절에는 골판지 공예에 빠져 지냈단다. 실물 사이즈의 세탁기나 시스템 키친 등을 골판지로 제작한 적도 있을 만큼. 그러나

졸업이 가까워지자 취직을 위해 점포 매장이나 디스플레이 회사 취업 설명회에도 쫓아다녀 봤지만 뭔가 와 닿지 않았다고 한다.

"어떤 회사에 들어가면 내가 하고 싶은 일을 할 수 있는지 도무지 알 수 없었습니다. 그래서 생각했죠. '스스로 해낼 수밖에 없다'고. 결국 취직을 포기하고 스스로 직업을 만들어가기로 했습니다. 아르바이트를 하면서 가방으로 작품을 만들어 1년에 2~3회 개인전을 열 수 있으면 되지 않을까 생각했죠."

졸업 후 얼마 되지 않아 열심히 만든 작품들을 들고 갤러리를 찾았다. 나카바야시 씨는 그때의 일을 지금도 잊을 수 없다고 한다. "갤러리 오너로부터 혹평을 받았거든요. '이런 작품들은 안 돼! 몰라도 너무 모르네'하며 정말 하찮다는 평가를 내리더라구요. 너무 창피하고 속상해 펑펑 울면서 오모테산도를 걸었던 기억이 또렷이 납니다. 몹시 무더운 여름날이었어요."

완전히 낙담한 나카바야시 씨는 자신감을 잃고 한동안 괴로워하며 암울하게 지냈다. "근데 2주쯤 지나니까 은근히 오기가 생기더라구요. '뭐야, 갤러리가 거기 한 군데뿐인가? 더 분발해서 언젠가 꼭 인정받고 말테야'이렇게 주저앉을 수는 없다는 생각에 복수심 같은 게 생기더라구요(웃음)."

혹평에 무너져 자신이 좋아하는 일을 그만둔다면 그걸로 끝이다. 물건 만드는 것을 일로 하려면 자신을 끝까지 믿을 수밖에 없다.

"제 경우에는 생각지도 못한 상황에서 혹평을 들어 자존심도 상하고 힘들어한 거지만, 사실 자신의 작품을 다른 사람들에게 보인다는 것은 아주 큰일이죠. 누구 한 사람이 좋아한다고 해서 일이 되는 건 아니잖아요. 비판하는 사람도 있고, 심한 말을 하는 사람도 있게 마련이죠. 그럴 때 어떻게 할 것인가는 자신의 몫입니다. 계속하고 싶다면 쉽게 포기하지 않는 강한 마음가짐이 필요합니다. 때로는 '나는 대단

해!' 라고 근거 없는 자신감도 필요합니다."

그녀에게 전기를 마련해준 것은 아르바이트로 일하던 섬유 관계 종합상사의 직원이 알려준 신인 전시회였다. "패션에 관한 아이템이면 무엇이든 오케이였어요. 이전부터 가방을 모티브로 한 작품 구상을 해왔던 터라 어렵지 않게 도전했어요. 벽한 면 가득 제가 만든 가방을 진열해 걸어놓는 상상을 해왔는데, 꿈을 이룰 수 있게된 거죠. 소재는 천, 형태는 사각 가방, 거기에 그림을 그려서 사람들에게 보여주자는 거였습니다."

작품을 보고 여러 셀렉트 숍에서 주문이 들어오고, 바이어가 붙었다. 잡지에도 소개되고 일약 화제가 되어 진열해주는 숍도 늘어났다. 그러나 3~4년쯤 지나 그런 식의 진행을 중지했다.

"숍에 따라서는 제 의도와는 다르게 진열해 놓았고, 분위기도 달라지는 일이 많아졌죠. 바이어로부터 좀 더 기성품처럼 해달라는 주문이 들어오기도 했고요. 저는 가방을 든다는 느낌보다는 그림을 들고 걸어가는 기분을 주고 싶어 만들었는데, 가방으로서의 기능을 더 높여달라는 거였습니다. 점차 저와 숍 사이의 갭이 커져갔던 거죠."

나카바야시 씨는 숍에서 작품을 철수시키고, 개인 전시회에서 발표하는 식으로 방향을 바꿨다. 연 1회 개인전에 200~300개 정도의 작품을 만들어 내놓았다. 매상에 연연하기보다는 스스로 만족할 만한 형태로 일을 하고 싶은 기분이 더 강했던 것이다.

"어렵사리 혼자서 시작한 일이었기 때문에 제 생각대로 일하고 싶었어요. 개인전스타일이라면 공간 연출도 직접 할 수 있잖아요. 가령 테마가 'sleep' 이라면 그와 관련된 도안의 가방을 만들고, 진시회장에는 양 오브제를 만들어 배치한다든지 가방을 포함해서 공간 전체를 작품으로 보이도록 하고 싶었습니다."

개인전을 보러 오는 사람들의 존재는 큰 자극이자 격려가 된다. "가끔 말을 걸어주시는 분이나, 말은 없으시지만 올 때마다 꼬박꼬박 방명록에 이름을 남겨주시는 분을 보면 정말 고맙죠. 제 작품을 기다려주는 사람이 있다는 게 무척 마음 든든합니다."

그녀는 최근 들어 도쿄뿐만 아니라 교토나 센다이, 오사카 등에서도 개인전을 열고 있다.

"올해 사가 현에서도 개인전을 했는데요. 70살 정도의 남자 어르신께서 찾아주셨어요. 소쿠리를 이용해 참새 잡는 모습을 표현한 가방을 보고는 '아, 그립다~' 하시며 행복해 하시더라구요. 저한테는 그런 게 무척이나 인상적이었습니다. 가끔은 정반대로 '이걸 만든 사람은 할머니일 거야'라고 하는 사람도 있어요(웃음)."

그녀가 만드는 가방은 한정된 장르나 일정한 기호나 취미를 가진 사람들에게만 어필하는 것은 아니다. 남녀노소 할 것 없이 누가 봐도 자신의 경험과 추억으로 이어지게 된다. 그것이 그녀의 가방이 가진 신기한 매력일지도 모른다.

"저는 보는 사람에 따라 제 가방의 느낌이 달리 느껴진다는 게 재미있습니다. 그리고 그런 것을 계속 만들어나갈 수 있으면 좋겠어요."

그녀는 가방 만드는 일을 평생 일로 해나가고 싶단다. 그 때문에 언제든 그만두고 싶다는 생각이 들 때는 그만 둘 생각이란다. 그래서 혼자서 활동하고 있는 것.

"도망갈 길을 준비해두지 않으면 스스로 몰아붙이게 되고, 작품에도 나쁜 영향을 미칠 수 있을 것 같아요. 좋아하는 일을 제대로 하려면 자유로운 부분을 남겨두어야 할 것 같아요. '언제 그만 둬도 좋아…'라는 생각으로 일하다 보면 가늘고 길게, 할머니가 될 때까지 계속할 수 있지 않을까요?"

그녀의 꿈은 소박하지만 확실하다. 욕심 부리지 않고 좋아하는 일을 하다 보니 어느덧 40년이 훌쩍 지났다는 걸 느끼게 되는 날이 왔으면 좋겠단다. 매일 매일이 평생이 되는 그런 삶이 되기를 바라는 것이다.

# 나카바야시 우이

### 아틀리에
자택 겸 아틀리에에서 제작

### 프로필
1975년 출생

1999년 무사시도미술대학 졸업. 백 브랜드 'ui'로 활동을 시작한 공동전시
회에 참가. 아오야마 스파이럴 마켓에서 첫 개인전 개최.

2002년 첫 작품집 출판. 현재, 개인전을 중심으로 한 가방 제작, 잡화 작품
제작, 집필활동 등을 하고 있다.

**가방 작가가 되려면...** 전문학교 등에서 가방을 만들기 위한 기본적인 기술
을 익히는 것도 가능하지만, 독자적으로 만드는 법을 습득하는 사람도 많
다. 핸드메이드 소품을 취급하는 숍이나 의류 관계 숍, 갤러리, 인터넷 쇼핑
몰, 전시회 등을 통해 판매한다.

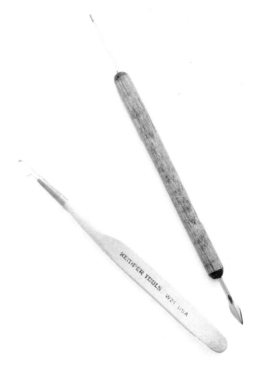

작 가 ● 다 카 미 자 와 미 호

# 도예가 003

도자기로 만들어진 작고 둥근 집, 사각 집, 좁고 기다란 집.

자그맣고 예쁜 집들이 모여서 거리와 마을을 이룬다.

손바닥 안에 쏙 들어가는 소품처럼 만든 집들의 세계가 여기 있다.

# 손끝에서 탄생되는 소중한 작은 집들

이바라키(茨城) 현 가사마(笠間) 시. 역에서 자동차로 15분쯤 달리면 숲이 나타나고, 그 숲을 헤치고 좁은 길을 따라 한참 들어가면 그 전까지와는 전혀 다른 풍경이 펼쳐진다. 숲 어디에 사람이 살고 있는지 궁금하고 불안해질 무렵, 눈앞 시야가 활짝 걷히며 커다란 집 한 채가 나타난다.

"무척 멀죠? 도중에 헤매진 않으셨어요?" 웃는 얼굴로 마중 나와 준 임신 7개월의 다카미자와 씨. 여기 '이토 아틀리에'에서 화가 남편, 도예가 양친과 함께 살고 있다.

실내에는 다카미자와 씨의 작품뿐만 아니라 가족들의 작품들도 많이 전시되어 있었다. 제작 공간은 제법 널찍하고, 멋진 가마도 있다. 들려오는 소리는 새와 벌레들의 지저귐뿐. 구름 한 점 없는 하늘, 맑은 공기 속에서 시간이 천천히 흘러가는 것이 느껴진다. '뭔가를 만들어내는 인간에게 있어서 이곳은 최적의 장소'라는 다카

미자와 씨의 말에 전적으로 수긍이 간다.

다카미자와 씨는 미술대학에서 도예의 길로 진로를 정했다. 고등학교 때 평면 구성인 디자인을 공부했는데, 왠지 전혀 다른 소재나 입체에 대해 관심이 많이 쏠렸단다.

"흙을 이겨서 만드는 작업 자체가 즐겁기도 했고, 손끝으로 누르는 것만으로도 간단하게 형태가 바뀌는 신기함에 매료되었어요."

대학 3학년 때, 지인들과 함께 그릇가게를 시작한 다카미자와 씨. 그녀는 잘 아는 작가, 선배, 친구들의 작품을 팔면서 도예교실도 함께 운영했다.

"대학 졸업 후에도 가게는 계속했습니다. 회사에 취직한다는 생각은 해본 적도 없었어요. 확신은 없었지만 뭔가를 계속 만들다 보면 자연스럽게 길이 열리지 않을까 하는 막연한 생각을 가지고 있었죠."

그러다 부득이하게 가게를 접게 되었다. 결혼을 하면서 가사마로 옮겨가 살게 되었기 때문이다. "가게를 그만둘 때 굉장히 망설였어요. 정리하는 것은 쉽지만 다시 시

작하는 것은 어려우니까요. 하지만 정말로 다시 하고 싶다면 세월이 흘러도 다시 함께 모여서 뭔가 할 수 있지 않을까 생각했죠. 함께 일하던 모든 사람들과 많은 이야기를 나눈 결과, 일단 해산하기로 했어요."

다카미자와 씨는 도쿄 출신의 전형적인 도시 사람이다. 낯선 환경의 가사마 아틀리에를 처음 찾았을 때의 느낌은 왠지 모를 쓸쓸함과 허전함이었단다.

"이곳 생활의 사이클에 익숙해지면서 처음 받았던 느낌과는 전혀 다른 느낌이 다가왔어요. 도쿄에서는 쇼윈도의 변화나 바겐세일로 계절을 느꼈는데, 여기서는 자연의 변화로 계절을 느끼게 되었죠. '모내기가 시작되었구나' 라든가 '산나물이 날 때구나' 라든가 '결실의 계절 가을이 되었구나' 등등. 그런 것이 굉장히 즐겁게 여겨지게 된 거죠."

감각은 아무것도 없는 자연 속에서 더 잘 연마되어 어린아이처럼 순수해질 수 있다. 뜻밖의 것에 마음이 움직여 감정이 제대로 기능하고, 또한 그것이 작품 만들기에 좋은 영향을 주었다.

집을 모티브로 한 작은 상자를 만들기 시작한 것도 가사마에 오고 나서의 일이다. 그 전까지는 거대한 오브제를 만들었다. "큰 것을 만든다는 것은 정말로 '싸우는 느낌' 이지요. 모든 작업이 무겁고 고되거든요. 큰 작품들을 오랫동안 만들어 왔기 때문인지 좀 더 따뜻하고 부드러운 것을 제 손에 들어가는 사이즈로 만들고 싶어졌어요."

지금의 자신에게 있어서 가장 중요한 것을 형태로 잡고 싶었고, 그런 생각에서 나온 모티브가 '집'이다.

"도쿄에 살던 무렵에는 가게를 하고 있기도 해서 집에 있는 시간이 극히 짧았어요. 그래서 집에 대한 애착과 관심이 적었죠. 그런데 이곳으로 이사 오고 나서는 아침부터 밤까지 이 집에서 생활하고 있어요. 제작도 생활도 모두 이 집에서 이뤄지고요. 새삼스럽게 집이란 정말 소중한 공간이란 생각을 하게 되었습니다."

그녀에서 있어서 '집'이란 정말 좋아하는 것이나 중요한 것들이 가득 차있는 장소. 그것이 소중한 것을 넣어두는 '작은 상자' 이미지와 겹쳤다. 그렇게 해서 탄생한 것이 집 형태를 한 작은 상자 시리즈다. 사각 집, 밤톨 모양 집, 새카만 벽 집에 푸른색

28

지붕 집. 형태나 색도 각기 다르다.

"손으로 작업해 탄생한 것들이기 때문에 작품 하나하나가 제 아이처럼 느껴집니다. 아이를 낳는 것 같은 기분이죠. 딱히 데생을 하지는 않지만 색은 자연의 꽃이나 초목이 힌트가 되곤 합니다. 너무 귀엽지 않게 만드는 것도 제 작품의 포인트라고 할 수 있어요. 남자들도 가볍게 손이 갈 수 있도록 하고 싶거든요. 남자들의 살풍경한 방에 이런 것이 살짝 놓여 있는 것도 좋을 것 같지 않으세요?"

현재 가사마에 한 군데, 도쿄에 세 군데 가게에서 작품을 판매하고 있다. 작은 상자 외에도 부조나 버튼, 액세서리 등을 제작해 정기적으로 전시회를 열고 있다.

생활과의 밸런스까지 포함해서 지금은 모든 일이 순조롭게 이뤄지고 있다는 다카미자와 씨. 하지만, 그것은 어디까지 '가족이 있기 때문에' 가능하다고 생각한다.

"가족 4명 모두가 손으로 뭔가를 만드는 사람이라서 서로의 이해가 깊은 것 같아요. 특히 부모님의 존재는 아주 크죠. 두 분 모두 도예가로 정열적인 활동을 계속하고 계십니다. 그릇도 만들고 대규모 설치작품도 만들죠. 그 모습을 옆에서 보고 있으면 대단하다는 존경심과 동시에 젊은 우리들도 더 분발해야겠다는 생각이 들어요. 마치 열심히 하라고 등을 떠미시는 것 같죠."

오랫동안 창작활동을 계속해온 양친은 다카미자와 씨에게 있어서 믿음직한 안내

자 같은 존재다. '무언가 만들며 살아간다는 것은 이런 것이구나. 이런 식으로 살아가면 되는구나' 하는 지침이 눈앞에 있다. 그것이 무척이나 마음 든든하다고 한다.

남편도 그런 양친 밑에서 자란 사람이다. 서로가 바쁠 때에는 자연스럽게 그 일을 도와준다. 일도 가사도 가족 중 누군가 혼자 무리해서 부담하는 일은 없다.

"남편과는 서로 작품에 대해서 언제나 의견을 교환하면서 만들고 있어요. 거짓말하지 않는 가장 신뢰할 만한 조언을 해주는 사람이니까요."

다카미자와 씨가 만드는 따뜻하고 부드러운 소중한 보석상자 같은 집. 그 작품 이미지는 자신들이 생활하는 집이 가진 분위기와 그대로 겹쳐진다.

'작품을 만드는 것'과 '살아가는 것'이 자연스럽게 서로 녹아서 공존하는, 행복한 거주지. 머지않아 그곳에 새로운 가족 한 명이 더 늘어날 예정이다.

# 다카미자와 미호

### 아틀리에 & 숍

이토 아틀리에

**주소** .. 이바라키 현 가사마 시 혼고 6097-1

**전화** .. 0296-74-4035

**홈페이지** .. . www.takamiho.com/


### 프로필

**1974년** 출생

**1999년** 여자미술대학 대학원 도조형(陶造形) 영역 수료

　　　　재학시부터 시작한 도예숍과 도예교실에서 활동

**2002년** 가사마 예술의 숲에 작품 '흙의 기억으로부터'를 옥외설치.

　　　　이후, 정기적으로 개인적이나 그룹전을 개최 중.

　　　　현재, 이토 아틀리에에서 제작을 하면서 개인전과 전람회를 중심으로

　　　　활동 중.

**도예가가 되려면** .. 특별히 학력이나 자격은 필요 없지만, 강습교실이나 전문

학교, 취업훈련소에서 기술이나 디자인을 습득해두는 편이 좋다. 도예전문

점, 갤러리, 개인전, 홈페이지 등에서 판매가 주로 이뤄진다.

즐거울 때는 더 즐겁게, 슬플 때는 살짝 다가와 위로해주는 털실로 만든 인형들.

아무 말도 하지 않는 뜨개질 인형에 불과하지만

그 풍부한 표정은 그 어떤 말보다도 더욱 많은 것을 이야기 해준다.

작 가 ● 다카모리 도모코

# 004 뜨개질 인형

## '좋아하는 마음'을 소중히 키워나가면
## 새로운 길이 열린다

'귀엽다'는 말을 이만큼 직설적으로 보여주는 것이 또 있을까? 다카모리 도모코 씨가 만든 뜨개질 인형을 본 순간, "어머, 귀여워라!"란 말이 나도 모르게 튀어나왔다. 동글동글 귀여운 고양이 인형이나 곰 인형이 있는가 하면, 좀 뒤틀린 귀여움을 느끼게 하는 호랑이 인형도 눈에 띈다. 또 움직이는 장난감 강아지에 뜨개질 옷을 덧입힌 것, 코알라처럼 배에서 또 다른 인형이 나오는 것 등 귀여워서 웃게 만드는 뜨개질 인형들도 있다. 그 어떤 것을 봐도 한눈에 다카모리 씨의 뜨개질 인형이란 것 알 수 있을 만큼 개성이 강한 작품들이다.

지금이야 다카모리 씨도 뜨개질 인형 부문의 일인자로 불리지만, 처음엔 프리랜서 일러스트레이터로 일을 시작했다. "뜨개질 인형 만드는 건 취미였어요. 처음 만든 것은 19~20세 무렵이었고요. 고다르의 영화 〈미친 피에로〉를 보고, 안나 카리나가 가지고 있던 검은 강아지 봉제 인형을 꼭 가지고 싶었거든요. 그런데 아무리 가게들을 뒤져봐도 비슷한 게 없었어요. 그래서 직접 만들어 보자고 생각했죠."

머릿속에 완성된 형태가 있었기 때문에 본도 필요 없었다. "뜨면 뜰수록 점점 형태가 만들어져 가기 때문에 조각하는 것처럼 재미있었어요. 잘못 뜨면 다시 풀어서 만들 수 있는 점이 좋았고요. 저는 코바늘로 뜨는데, 코바늘은 푸는 게 아주 간단하고 쉽거든요."

마침 일러스트 일에서 벽을 느끼던 무렵이었다. 일러스트를 그려도 왠지 스스로 성에 차지 않고, 뭔가 늘 부족하다는 생각에 마음이 편치 않았다. "스스로 많이 서툴다고 생각했던 것 같아요. 아무리 그려도 만족할 수 없었어요. 다른 사람의 일러스트를 보는 건 좋아했지만, 직접 일러스트 그리는 일은 점점 괴로워지기만 했어요. 고민 끝에 내가 잘할 수 있는 일이 뭔가 생각하게 됐고, 그 고민 끝에 뜨개질 인형이 있었습니다. 뜨개질 인형이라면 일러스트 일 이상으로 보람을 느낄 수 있을 것 같았어요."

마침 알고 지내던 사람 덕분에 테디베어 인형 작가를 소개받았다. "그분의 권유로

뜨개질 곰 인형을 만들어 테디베어 전문점에 진열해 놓았는데 뜻밖에 반응이 좋았어요. 여러 행사에도 참가하는 등 활동 범위를 넓혀가던 중에 한 출판사로부터 뜨개질 인형을 책으로 내보자는 제안을 받았습니다."

책을 출판했지만 반응은 거의 없었다. 당시에는 뜨개질 인형이란 말 자체가 일반적이지 않았다. "뜨개질 인형을 만들고 있다고 하면 '그게 뭐죠?' 라는 반응이 대부분이었습니다. 모두에게 낯선 것이었기 때문에 뜨개질 인형이란 것 자체가 확산될 때까지 어려운 점도 있었습니다."

같은 시기에 뜨개질 인형을 가르치는 교실을 시작했다. "조금씩이라도 좋으니 여러 사람들에게 뜨개질 인형을 만들어 보이고 싶다는 생각이 강했지요. 제멋대로 자신을 뜨개질 인형의 전도사라고 생각하고 있었거든요(웃음). 뜨개질 인형을 만드는 사람이 늘어난 것은 저에게 아주 기쁜 일이었어요."

교실에서 학생들을 접하는 것은 혼자서 제작할 때와는 전혀 다른 기쁨이 있었다. "한 학생이 몸이 나빠져 일을 그만두는 친구에게 뜨개질 인형을 만들어서 선물했대요. 그러자 그 친구가 울면서 기뻐하더란 이야기를 듣고 저도 무척이나 기뻤지요. 제가 직접 누군가를 치유할 수는 없지만, 제가 만든 인형이 누군가에게 위로가 된다니 정말 행복합니다. 게다가 학생들을 통해서 널리 퍼져나가고 있다니 더 없이 기뻐요."

다카모리 씨가 만드는 뜨개질 인형의 '귀여움'에는 그것을 보는 사람, 가지는 사람의 여러 감정이 반영되고 있다. 일을 끝내고 돌아와 자신의 방에 뜨개질 인형이 조용히 앉아 있는 모습을 보는 것만으로 왠지 편안해지고 온화해진다.

"제 인형들이 오랫동안 사랑받으면 좋겠다는 생각으로 만들어요. 얼굴 표정은 있는 듯 없는 듯, 좀 모자란 듯한 느낌이 더 귀엽게 보이는 것 같아요. 보는 사람의 감정에 따라 웃는 얼굴로 보이기도 하고, 쓸쓸하게 보이기도 하죠. 갖고 있는 분의 기분에 함께 젖어드는 인형을 만들고 싶어요. 그렇게 하면 오랫동안 사랑받을 것이고, 귀여워해주실 거라 생각해요."

그렇지만 취미도 일이 되면 괴로울 때가 있다. 바쁠 때는 화장실 가거나 밥 먹는 일을 제외하고 하루 종일 뜨개질에 매달린다. "그럴 때는 내가 지금 뭐하고 있는 건가

하는 기분이 들지만, 어떤 직업도 즐거운 일만 있는 건 아니라고 위안해요."

'프리랜서로 일하는 한 내일은 알 수 없다'는 것은 예나 지금이나 조금도 변하지 않았다. 하지만 다카모리 씨는 더 이상 불안해하지 않는다. "불안해하고 있는 시간이 아까워요. 걱정한다고 해서 불안이 없어지는 건 아니잖아요. 반대로 불안이 커질 뿐이죠. '내가 할 수 있는 건 뜨개질 인형밖에 없다'고 자책하기보다는 '나에게는 뜨개질 인형이 있다'고 생각하는 게 훨씬 자신감 있고 심플하잖아요. 예전보다 훨씬 어른스러워졌고 자유로운 사고를 가지게 된 것 같아요. 건강해진 거죠. 요즘은 잔병치레도 하지 않아요(웃음). 점점 홀가분해져가는 기분이에요."

뜨개질 인형의 최대 강점은 어떤 것이든 다 털실로 만들 수 있다는 것. "제가 좋아하는 것은 전부 뜨개질로 표현할 수 있어요. 그런 면에서 보면 이 일은 평생 할 수 있는 멋진 일이 아닐까요? 또한 모든 일상생활이 뜨개질 인형의 소재가 되고, 힌트가 됩니다."

그녀는 최근 들어 일본 전통 분위기를 뜨개질로 표현하는 일에 매달려 있다. 일본 전통 목각인형인 '고케시'를 비롯해 장식용 새 등 전통 장식물을 뜨개질로 만드는데, 전혀 다른 표정을 연출해낼 수 있어 좋단다.

"저는 일본 전통의 것이든 서양의 것이든 다양한 것에 도전해 보고 싶어요. 단, 공

통점은 귀여운 색과 순수한 분위기예요. 전통 종이세공으로 표현하는 '하리코'도 귀여울 것 같고, 옛 완구를 뜨개질로 표현해 보는 것도 재미있을 것 같아요. 훗날에는 뜨개질로 애니메이션을 만들어 보고 싶어요. 굉장히 어렵겠지만 실현할 수만 있다면 정말 멋지겠죠?"

뜨개질을 일로 시작한 지 십 수 년. 최근 들어 다시 일러스트를 그리고 싶단 생각이 고개를 든다.

"일러스트를 다시 그리고 싶다는 맘이 점점 커져가요. 나이가 들면서 조금씩 사고 방식이 유연해진 탓도 있겠죠? 예전에는 그림을 못 그리니까 안 된다고 생각했지만, 지금은 조금 서툴면 어때 하는 식이죠. 있는 힘껏 열심히 최선을 다해 그리면 그걸로 좋다고 생각하게 되었어요."

어떤 일도 같은 만큼의 고통과 즐거움이 있다. 단지 그 '어려움'이 자신에게 있어서 괜찮은가 그렇지 않은가의 차이일 뿐이다.

"좋아하는 일이라면 아무리 괴로워도 별로 힘들지 않을 것 같아요. 저도 처음엔 뜨개질이 좋아서, 그것을 만드는 작업이 좋아서 시작했던 거예요. '좋아하는 마음'을 소중하게 키워 가면 자연스럽게 그 길이 열린다고 믿습니다."

# 다카모리 도모코

### 아틀리에

자택 겸 아틀리에에서 제작

**홈페이지**…〈다카모리 도모코의 뜨개질〉 www.amigurumi.net

〈후쿠짱의 일기(겐토샤 웹 매거진)〉

webmagazine.gentosha.co.jp/fuku-chan/fuku-chan.html

〈다카모리 도모코와 뜨개질(후보 일간 이토이 신문)〉

www.1101.com/takamori/index.html

### 프로필

**1986년** 일러스트레이터로 활동

**1993년** 뜨개질 작가로 활동을 시작

**1994년** 첫 작품집 출간

현재, 뜨개질 작품집 출간, 컬처스쿨 강사, 기업 캐릭터 디자인 제작 등

을 중심으로 활동하고 있다. 뜨개질 이외에 복식 소품도 제작한다.

**뜨개질 인형 작가가 되려면**…뜨개질 방법의 기초 책을 읽는 등을 통해 기본적

안 만드는 법을 먼저 습득한다. 판매는 핸드메이드 작품을 취급하는 숍이나 개

인 홈페이지 등에서 이뤄진다. 취미로 뜨개질 인형을 제작하고 있는 사람은 많

지만, 작가로서 일이 가능한 사람은 소수다. 자신만의 개성과 오리지널리티를

갖는 것이 가장 중요하다.

# 005

작 가 ● 고야마 치나츠

## 공예가

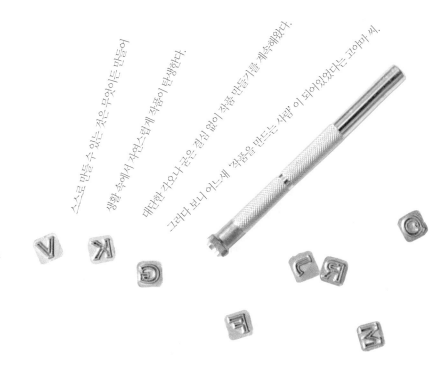

스스로 만들 수 있는 것은 무엇이든 만들어

생활 속에서 자연스럽게 작품이 탄생한다.

막연한 가운데 끊은 집심 없이 작품 만들기를 계속해왔다.

그러다 보니 어느새 '작품을 만드는 사람'이 되어있었다는 고야마 씨.

# 다른 사람을 위한 만들기가 작품의 시작

천, 가죽, 오래된 나무 등 다양한 소재로 작품을 만드는 아티스트 고야마 치나츠 씨. 가방이나 슬리퍼 등 일상생활에서 사용할 수 있는 것부터 멋진 오브제에 이르기까지 폭넓은 작품을 만들고 있다. 한편으로는 점포 디스플레이나 생활용품 디자인, 상품 개발 업무도 하며, 글을 쓰거나 사진 촬영도 한다. 지금은 아이가 어려서 페이스 조절을 하고 있지만, 매년 개인전을 열고 작품 전시회도 갖고 있다.

한 아이의 엄마이기도 한 고야마 씨는 생활의 모든 것을 물건 만들기와 연결하고 있다. 그런 생활방식을 부러워하는 사람들도 많은데, 정작 본인은 세상에 얽매이지 않고 표연하게 자연스러운 모습이다. "이렇게 되고 싶다고 목표를 정해놓고 살아온 것은 아니에요. 여기저기 마구 부딪치고 깨지면서 오다 보니까 여기까지 오게 된 거예요."

원래는 의류 메이커에서 점포 디스플레이, 레이아웃 업무 등을 했다. 그러나 회사형 인간이 아니었다고 한다.

"회사를 그만 두고 깨달은 사실인데, 전 절대로 회사에 맞지 않는 인간형이었어요. 매일 같은 시간에 같은 장소로 가는 것이 어찌나 성질에 안 맞든지, 오죽하면 몸까지 나빠졌겠어요. 회사를 그만 두고 나서 무척 건강해졌다니까요(웃음)."

그 당시에는 일에 대한 모순도 안고 있었다. "실제로 내 손으로 뭔가를 직접 만들어 내는 일은 없었으니까요. 그렇다고 뭔가 만드는 일을 하고 싶다는 생각도 실은 없었어요. 위에서 주문을 하면 응하는 게 제 업무라고 생각했고, 물건을 만드는 일을 하면 스트레스가 생기지 않을까도 생각했거든요."

일단 그림 그릴 생각으로 회사를 그만두었다. 그때만 해도 경기가 좋던 시절이어서 일주일에 3~4일 정도만 아르바이트해도 충분히 지낼 만했다. "그러나 얼마 가지 않아 벽에 부딪쳤어요. 언제까지 이런 생활을 계속할 수는 없다고 생각했죠. 그러던 참에 회사 친구의 도움으로 하야마에 살고 있는 나가이 고우라는 아티스트를 편지로 소개받았습니다. 새 갤러리를 시작하는데 도와줄 사람이 필요했고, 그 대상으로 저를 추천한 거죠. 나가이 씨를 만나 이야기를 들어보고 말고 할 것도 없이, 꼭

그 일을 해야겠다고 편지를 읽으며 결정했어요."

고야마 씨는 그곳, 선라이트 갤러리에서 5년에 걸쳐 다양한 일에 관여했다.

"완고한 화랑과는 달리 무척이나 개방적이었습니다. 거기서 다양한 사람들을 만나고, 친구들도 늘려갔어요. 하지만 처음부터 그랬던 것은 아니죠. 그때만 해도 하야마가 지금보다 훨씬 더 시골이었고, 교통이 불편해 찾아오는 사람이 거의 없었거든요(웃음)."

덕분에 아르바이트 비는 별로 받지 못했다. 하지만 뭔가를 만들어서 갤러리에서 팔면 어떻겠냐고 아이디어를 내놓았고, 그 아이디어가 받아들여져 갤러리를 지키면서 빈 시간에 철사를 이용해 작품을 만들기 시작했다.

"그것이 잡지에 소개되면서 다른 가게에도 진열할 수 있게 되었어요. 갑자기 작품을 만드는 사람이 되어버린 거죠. 그 말은 특별한 노력을 해서 이 자리에 온 게 아니라는 겁니다. 물론, 선라이트 갤러리에서 보낸 5년간은 저에게는 커다란 의미가 있습니다. 그곳에서 만난 사람들, 그곳에서 보낸 시간들, 그곳에서만 느낄 수 있었던 공기까지. 저에게는 무엇과도 바꿀 수 없는 탄탄한 베이스를 만들어준 장소예요."

그때부터 지금까지 바뀌지 않은 것은 '생활 속에서 즐길 수 있는 작품'을 만들고 싶다는 생각이다. "대학에서는 현대미술을 전공했습니다. 그 무렵에는 입체나 영상작품을 제작했는데, 현대미술이란 우선 콘셉트가 있어야 하잖아요? 그에 대한 반발 같은 게 있었던 것 같습니다. 작품으로서의 현대미술은 좋아하지만, 그것을 직접 하는 일은 생각해 보지 않았어요."

전시회에서만 볼 수 있는 예술작품이 아니라 생활 속에 들어가는, 사용해서 즐거운 것을 만들고 싶었다. "미술 마니아들이 오는 전시회에 출품하는 것도 아니고, 극히 평범한 사람들이 보고 즐겁다, 재밌다, 좋다고 생각하는 것을 만들고 싶었어요. 콘셉트라든가 개념이라든가 그런 것에서 자유로워지고 싶었던 거죠."

아이디어도 일상생활 속에서 포착한다. 늘 작품 소재가 될 만한 것을 찾으며 걸어다닌다. 그렇다고 '이런 것을 만들고 싶어서, 이런 소재가 필요해' 라고 생각하며 찾아다니지는 않는다. 언제 사용할지 모르지만 좋다고 생각되는 것들을 머릿속에 넣어둔다. 때문에 뭔가가 좋다고 해서 바로 작품으로 연결되지는 않는다.

"수년간 잊고 있다가도 '아, 그때 그게 좋겠어' 라고 기억의 창고에서 끄집어내는 일도 있습니다. 물론, 가게들을 아무리 돌아다녀 봐도 단 하나도 맘에 드는 게 없는 날

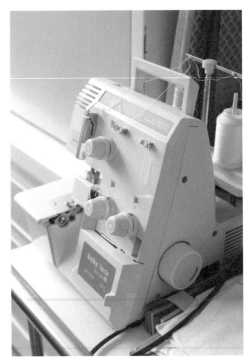

도 비일비재하죠. 뭔가를 찾아 걷다가 맘에 드는 것을 발견하는 게 좋아요. 어릴 때부터 쭉 그래왔던 것 같아요. 제 경우엔 그것이 뭔가를 만들기 위한 첫걸음인 거죠."

고야마 씨는 소재를 중심으로 시행착오를 하면서 형태를 만들어간다. 결론을 내려놓고 하기보다는 이게 어떨까 생각하면서 만들어가는 작업이 즐겁단다.

"이렇게 만들어야지 생각하고 시작해도 제작하면서 다른 방식으로 바뀌는 경우가 종종 있습니다. 그런 과정이 재미있어요. 저는 같은 것을 많이 만들지 못합니다. 많이 만들어도 결국엔 처음에 만든 게 가장 좋다는 것을 알게 된 거죠. 본떠서 같은 것을 여러 개 만들어도 왠지 어딘가 달라지거든요."

만들 수 있는 것은 무엇이든 자신의 손으로 만들고 싶단다.

"옛날 사람들은 다 그랬잖아요. 엄마가 직접 만들어주는 옷 같다고 보면 될 것 같아요. 단지 자기 옷이나 아이들 옷은 만들어 입히는 것으로 충분하지만, 일 삼아 만드는 것, 다른 사람의 손에 건네지는 것은 제대로 완성도를 생각하며 만듭니다. 그런 차이는 있는 거죠."

지금은 아이가 있어 밤 시간대에만 작업할 수 있다. 아이가 생긴 후 작품에 변화는 없는지 자주 질문받지만, 딱히 달라진 것은 없다고 한다.

"단지 아이에게 부끄럽지 않게 살려고 해요. 제대로 하자는 거죠. 만드는 작품도, 만드는 모습도."

누군가를 위해서 뭔가 만든다는 생각은 작품 만드는 데 커다란 원동력이 된다. 또한 어떻게 하면 더 좋아질 수 있을지 생각하게 되고, 더욱더 분발하게 된다.

"작품은 단지 어린이뿐만 아니라 누군가 다른 사람을 위해 만드는 것이라고 생각합니다. 자기 한 사람만을 위해서 뭔가를 만드는 사람이란 별로 없을 테니까요."

그녀는 작품 만드는 일과 생각하는 일을 분리하지 않는다고 한다.

"자신이 좋아하는 것을 잘 알고 있으면 좋겠죠. 자신이 무엇을 좋아하는지, 어떨 때 기분이 좋은지 등을 잘 알면 양보할 수 없는 것을 판단할 수 있게 됩니다. 그렇게 생각하면서 계속 만들어가는 것이죠. 어떤 일이든 마찬가지겠지만 10년 계속할 수 있으면 됩니다. 진짜 좋아하는 일이라면 10년 정도 노력할 수 있다고 생각해요."

# 고야마 치나츠

**프로필**

1963년 출생

1985년 다마미술대학 졸업. 의류 메이커에 취직하지만, 곧 퇴사. 그림을 그
리기 시작.

1992년 선라이트 갤러리를 도와주기 시작하면서 작품 만들기를 개시.
현재, 개인전을 중심으로 작품발표를 하면서, 점포 디스플레이, 상
품개발 등의 업무도 하고 있다.

공예가가 되려면…. 한마디로 '공예가' 라고 해도 그 폭은 무척이나 넓다. 그
림을 그리고, 조형작품을 만들고, 고야마 씨처럼 일상에서 친근하게 사용되
는 것을 만드는 등. 사람에 따라 표현방법이 가지각색이다. 어떤 것을 만들
고 싶은가에 따라서 가야할 길도 달라질 것이다.

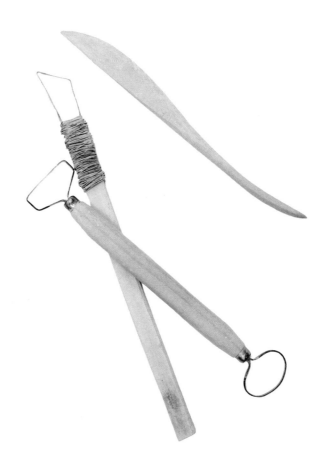

# 006 도자기

작 가 ● 고스미 시나호

길을 걸을 때, 아주 좋아하는 골동품 가게를 순례할 때 아이디어가 뭉게뭉게 떠오른다.

아이디어를 통해 마음에 그린 그릇을 그렇게 형태로 만들어간다.

만들 때의 두근거리는 기분은 예전이나 지금도 변함없다.

# 여성으로서의 생활을 즐기는 작가의 삶이 좋다

유럽 향취가 느껴지는 꽃무늬 접시, 조개류를 본뜬 꽃꽂이 용기. 한눈에 봐도 앤티크하면서도 독특한 따뜻함이 느껴지는 도기를 만드는 주인공은 고스미 시나호 씨. 대학에서 도예를 배우고 현재는 작가로 활동하면서 도예교실에서 강사로도 일하고 있다.

어려서부터 앤티크나 화석을 좋아해서 찰흙놀이를 즐겼던 그녀. 지금 와서 생각해보면 그때 이미 도예가 소양을 지녔던 것은 아닐까 싶다. "고등학교 시절에는 유리 공에 작가가 되려고 생각했어요. 에밀 가레에게 심취해서 대학도 유리 공예를 배울수 있는 곳으로 정했습니다. 그런데 정작 유리 공예를 해보니 저와는 맞지 않았습니다. 느긋한 성격과 유리 공예는 맞을 수가 없었죠."

작품 자체는 우아해 보이지만 유리 공예품 제작 과정은 시간과의 싸움이다. 온도가차가워지기 전에 재빨리 형태를 만들어야 하기 때문이다. "그래서 2학년 때 도예과정을 선택했어요. 저만의 페이스로 천천히 할 수 있는 쪽이 맞는다고 생각했던 거죠. 거기서는 비젠(備前) 도자기를 배웠는데, 무척 남성적인 세계였습니다. 제법이나 스타일이 정해져 있고, 옛날부터 도제 제도가 확립되어 있을 만큼 빈틈이 없죠. 저는좀 더 잡화 스타일로 자유롭게 만들고 싶어서 다른 길을 모색하기 시작했습니다."

작가 이외의 다른 길은 한 번도 생각해 본 적이 없단다. "작가가 되는 건 무리가 아닐까, 생활은 어떻게 해나갈까 같은 고민은 해보지 않았습니다. 고맙게도 양친 모두 제가 좋아하는 일을 할 수 있도록 믿어주시고 맡겨주셨죠."

졸업 후 고향을 떠나 도쿄로 올라왔다. 우연한 기회에 아는 분의 소개로 지금의 도예교실을 소개받아 강사로 주 2회 학생을 가르치면서 작가활동을 시작했다. 교실한쪽에 작업할 수 있는 작은 아틀리에 공간도 마련했다. "이곳 도예교실 선생님들에게 작가로서 갖춰야 할 기본적인 것들을 배웠습니다. 기술적인 것뿐만 아니라 마음가짐이나 태도까지요. 졸업하자마자 바로 왔기 때문에 모르는 게 너무 많아 화가나 엉엉 운 적도 있었어요. 그래도 부모님처럼 토닥여주고 끈기 있게 키워주셔서진심으로 감사하고 있습니다."

작가란 이런 것이라고 곁에서 보고 배울 수 있어서 큰 플러스 요인이 되었다. "환경이 아주 좋았지요. 제작뿐만 아니라 다양한 사람들과 만날 수 있어서 더없이 귀중한 경험을 했으니까요. 주 2회 가르치는 횟수도 이상적이었고요."

혼자서 푹 파묻혀서 제작만 하면 금방 질리게 된다. 적당히 외부와 접촉하면서도 작가로서 꼼꼼히 제작하는 시간이 필요하다. "양쪽 밸런스가 맞아서 두 일 모두 즐겁게 할 수 있었습니다. 게다가 이곳 학생들은 늘 웃는 얼굴이에요. 접하고 있으면 저도 모르게 자연스럽게 웃는 얼굴에 익숙해집니다. 일을 하면서 그만 눈물을 주룩 흘린 일도 있어요(웃음). '난 참 복 많은 사람이다. 모두들 좋은 분들뿐이고, 주변에 더욱더 감사해야 한다'고 매일매일 생각합니다."

다른 사람의 작품은 그녀에게 커다란 자극이 되기 때문에 틈만 나면 갤러리나 골동품 시장을 둘러본다. "좋아하는 작품을 보고, 거기서 얻은 영감을 저 나름의 형태로 표현하고 싶어요. 그 때문인지 제 작품의 분위기가 아시아 풍에서 점점 심플해지면서 유럽 분위기로 바뀌어가고 있습니다. 아마 의식하지 못하는 가운데 전 세계의 흐름에 영향을 받고 있는 것 같아요. 하지만 가능한 한 주변이나 유행은 의식하지 않으려고 노력하고 있어요."

작품을 만들 때 고려하는 것이 사용하는 사람에 대한 편의다. '도기는 사용하며 즐기는 것'이라는 신조를 가지고 있기 때문이다. "보는 것만이 아니라 잘 사용해주길 바라기 때문에 사용자의 편의에 대해서 깊이 생각하며 만들죠. 만드는 사람의 자기만족만으로 사용하는 사람이 만족하지 못하면 안 된다고 생각하거든요."

그런 점에서 헷갈릴 때도 있다. "오리지널리티나 재미를 추구하다 보면 아무래도 사용하는 데 불편할 수 있고, 반대로 편히 사용하게 만들다 보면 어디서나 있는 듯한 작품들이 될 수 있죠. 편하긴 하지만 선택받을 수 없는 것들이죠. 다른 곳에는 없는, 개성이 있어서 또 사서 쓰고 싶은 것들을 고안해내지 않으면 안 되거든요."

도예는 체력으로 승부하는 일이다. 개인전을 앞두면 작품을 만들기 위해 철야 작업을 밥 먹듯이 해 비틀거리기도 한다. 백화점 전시회 등에 참가할 때에는 또 다른 괴로움이 있다. 매상 목표가 처음부터 정해져 있어, 혼자 책임지는 것으로 끝나지 않는 엄청난 스트레스에 시달린다. "하지만 그 때문에 더 분발하게 되어 저에게는 오

히려 플러스가 됩니다. 괴로운 일보단 즐거운 일이 훨씬 더 많죠. 저는 좋아하는 것을 만들고, 그것을 좋다고 말해주는 사람들이 있으며 게다가 사주기까지 하잖아요. 전시회에서 번 돈으로 내가 좋아하는 것을 보거나 살 수 있고, 거기서 얻은 것을 또 다시 작품에 환원할 수 있다는 거 정말 멋있잖아요. 그런 건 일로서는 아주 이상적인 순환이라고 생각하거든요."

작품 아이디어는 끊임없이 흘러나온다. 아무것도 떠오르지 않아서 괴로웠던 경험은 없단다. "도예는 형태로 만들어내는 게 어려워요. 아이디어가 100개 있다고 해도 실제로 형태가 되어 나오는 것은 10개 정도죠. 형태가 되기까지 시간이 걸리고 실패도 많아요. 하지만 형태가 된 하나의 작품에서 또 무한한 작품이 새로 탄생합니다. 그 과정 속에서 가끔은 예상 밖의 작품이 만들어지는데, 그런 순간이 있기 때문에 그만둘 수가 없어요."

도자기 만드는 일 말고도 요리하기, 요리한 음식 보기 좋게 담아내기, 식물이나 꽃 가꾸기 등 취미가 다양하다. 그릇이나 화분, 꽃병도 '이런 게 필요해' 라고 생각하면 직접 만들어 사용한다. "도기 만드는 일뿐만 아니라 도기를 제대로 사용하는 방법까지 제안할 수 있다면 재미있을 것 같아요. 그래서 그릇에 예쁘게 담은 요리를 사진으로 찍어 블로그에 올리고 있는데, 의외로 반응이 좋아 기뻐요. 무엇보다 일 방통행이 아니라서 좋죠."

"도예가 길을 선택해서 지금까지는 백퍼센트 좋았다고 생각합니다. 하지만 작가로 살아가기 이전에 한 명의 여성으로서 즐기며 살아가고 싶어요. 앞으로 결혼도 하고, 아이도 낳고요. 남편이나 아이가 제가 해온 일들을 인정해주고 기뻐해주면 좋겠죠. 육아나 가사로 바빠지면 잠시 일을 쉴 생각도 있습니다. 작가라고 하면서 무리하게 어깨에 힘주고 살아가고 싶지는 않습니다. 아이를 키우면서도 어떤 형태로든 작품 만들기는 할 거니까요. 여성으로 태어났으니까 여성으로서의 기쁨도 맛보고 싶어요."

작가로서의 지나친 의욕을 내려놓은 그녀. 그녀라면 여성스러운 삶과 멋진 작품 만들기를 무리 없이 양립시켜 나갈 수 있을 것 같다.

# 고스미 시나호

**아틀리에 & 숍**

소시가야(祖師谷) 공방

주소 .. 도쿄 세타가야구 소시가야 6-3-18

전화 .. 03-5409-7501

홈페이지 .. www.soshigayatohboh.co.jp/

블로그 .. cina.exblog.jp/

쇼핑몰 .. 도예공방 www.toukiubou.co.jp/

　　　　일본 잡화 스이(翠) wazakkasui.com

　　　　K's Table www.kstable.jp

**프로필**

1977년 출생

2000년 구라시키(倉敷) 예술과학대학 도예 코스 졸업. 도쿄 상경 후, 작가

　　　　활동 시작. 도예교실 어시스턴트로 일함.

2001년 개인전이나 그룹전 시작.

2006년 소시가야 공방에서 강사 활동 시작. 현재 개인전을 중심으로 식기,

　　　　화기, 오브제 작품 등을 발표. 강사로서 활동도 계속하고 있다.

**도예가가 되려면**... 특별히 학력이나 자격은 필요 없지만, 대학이나 전문학

교, 직업훈련 학교에서 기술과 디자인을 습득해 두는 것이 좋다. 어엿한 한

사람 몫을 하려면 적어도 5~10년의 수업이 필요하다고 알려져 있다. 작품

은 도예전문점, 갤러리, 개인전, 인터넷 쇼핑몰 등에서 판매가 주로 이뤄진

다.

# 007

작 가 ● 히라마츠 미카

## 플로리스트

꽃은 어디까지나 하나의 소재.

꽃을 통해서 사람과 연결되고

그 사람만을 위한 꽃다발을 만드는 것이 즐겁다.

그래서 이 일을 하려고 생각했는지도 모른다.

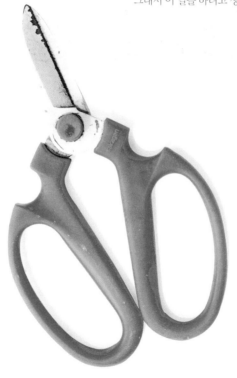

# 보내는 사람, 받는 사람을 생각한 꽃다발 만들기

"16살 생일날, 낭시 사귀고 있던 남자친구에게 히얀 안개꽃에 새빨간 장미가 섞인 꽃다발을 받았습니다. 당시엔 그런 조합이 꽤나 멋진 것이어요. 그 꽃다발을 받았을 때 기분 너무 좋았던 일을 지금까지도 잊지 못하고 있죠."

웨딩 플라워를 중심으로 플로리스트 활동을 하고 있는 히라마츠 미카 씨. 고교시절부터 꽃과 접할 기회가 많았다. 자주 다니던 동네 꽃집에서 꽃다발을 만들기도 하고, 특별활동을 하던 부서의 선배에게 꽃을 보내기도 했다. 당시의 남자친구도 일이 있을 때마다 꽃을 선물해주었단다. "꽃을 골라 누군가에게 선물하는 일도 즐겁고, 받는 것도 좋았어요. 게다가 꽃다발을 들고 걷는 기분도 괜찮아 '꽃이란 좋은 것'이라는 친밀감이 있었죠. 하지만 꽃이 너무너무 좋다고 할 정도는 아니었어요."

대학시절에는 꽃집에서 아르바이트를 했는데, 나름 이유가 있었다. "미대에서 그림을 그리면서 아르바이트로 염색을 했어요. 그런데 꽃을 모티브로 해달라는 주문이 많아, 꽃집에서 일해 보는 것도 좋겠다고 생각했죠. 꽃을 그리기 위해서는 세밀

한 부분까지 다 관찰해야 하는데, 꽃집에서 아르바이트를 하면 남은 꽃을 받을 수 있지 않을까 생각했던 거죠."

가끔 들르던 꽃집에 아르바이트 모집 전단지가 붙은 것을 보고서 뛰어 들어간 그녀. 아르바이트 일을 시작하고 최초로 든 느낌은 '꽃집 일이란 게 정말 멋있다' 라는 것이었다. "꽃집은 야채 가게랑 비슷해요. 꽃도 야채와 마찬가지로 신선도가 생명이죠. 아침에 대량의 꽃이 들어오면 필요 없는 이파리들은 따내고, 바로 물을 주지 않으면 안 되죠. 스피드가 요구되는 일들이에요. 꽃다발을 만들 때도 쓱쓱 골라서 순식간에 포장을 하죠. 느긋하게 작업할 수 있는 일이 아니지만, 저한테는 그런 점이 직인(職人)스러워 멋있게 느껴졌어요. 꽃집의 일 자체가 처음부터 제 성격에 딱 맞았던 것 같아요."

꽃이 좋다는 생각만으로 '플라워 어레인지 메소드'를 배우고 꽃집에 들어가면 생각과 현실의 큰 괴리를 느낄 때가 많다고 한다. "결코 멋있기만 한 작업은 아니죠. 가시 때문에 손 여기저기에 상처가 나고, 물에 퉁퉁 불어 옷 단추 잠그는 것조차 아플 때가 있습니다. 하지만 제때 제대로 처리하지 않으면 꽃은 마지막까지 아름답게 피어 있지 않아요. 이 꽃을 어떻게 하면 하루라도 더 오래 아름답게 피어 있게 할까, 그것을 위해 어떤 처리를 해야 하는지 각각 꽃의 특성을 알아둬야 하죠."

그녀는 꽃을 알고, 그 조합을 생각하는 것이 즐거웠다. 그림을 그리듯이, 옷을 몸에 두르듯이 색을 조합해 꽃다발을 만들어갔다.

"거리의 평범한 꽃집이기 때문에 근처의 할머니들이 가벼운 맘으로 꽃을 사러 오십니다. 내가 만든 꽃다발에 대해 직접적인 반응을 들을 수 있어서 재미있어요. 제각기 바로바로 다양한 의견을 말해줍니다. 이런 꽃이 더 좋다든가, 그런 느낌이 아니라 이런 느낌이라든가. 대화를 하면서 꽃다발을 만들어간다고 봐야죠."

같은 일을 오랫동안 해오다 보니 손님들과 몇 마디만 나눠도 어떤 꽃다발을 원하는지 알 수 있게 되었다. 입고 있는 옷, 가지고 있는 소품, 말투, 표정. 그렇게 사람들의 취향을 말 이외에서도 읽어낼 수 있게 된 것이다.

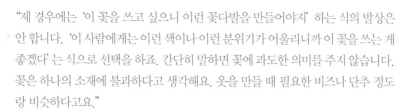

"제 경우에는 '이 꽃을 쓰고 싶으니 이런 꽃다발을 만들어야지' 하는 식의 발상은 안 합니다. '이 사람에게는 이런 색이나 이런 분위기가 어울리니까 이 꽃을 쓰는 게 좋겠다' 는 식으로 선택을 하죠. 간단히 말하면 꽃에 과도한 의미를 주지 않습니다. 꽃은 하나의 소재에 불과하다고 생각해요. 옷을 만들 때 필요한 비즈나 단추 정도 랑 비슷하다고요."

상대가 보이는 작업, 누군가를 위해서 만드는 꽃다발이 가장 좋단다. "그러니까 지 금도 잡지 등에서 '이 꽃을 사용해 자유롭게 응용해 주세요' 라는 식으로 작업 의뢰 를 받으면 무척 난처해합니다. 아무것도 떠오르지 않아 당황스러워요. 제 경우에는 보내는 사람에 대해서 이것저것 고려하면서 만드는 편이 훨씬 쉽고, 아무리 어려운 의뢰가 들어와도 상대가 있는 편이 즐거운 거죠." 필연적으로 작업은 웨딩 플라워 중심이 되어 갔다. 결혼식 부케는 일생에 한 번인 꽃을 그 사람만을 위해 만드는 것.

자신에게는 그런 작업이 잘 맞는다고 느꼈다. "상대와 커뮤니케이션을 하면서 말로 나타낼 수 없는 그 사람의 내면까지 고려합니다. 실제로 이런 사람이 아닐까 상상하면서 만드는 것이 즐거워요. 좀 점쟁이 같을지 모르지만요(웃음)."

그것은 감성이나 감각만으로 만들어낼 수 있는 것은 아니다. 머리 스타일, 메이크업, 드레스뿐만 아니라 결혼식장의 벽이나 바닥 색, 조명 톤, 결혼식이 진행되는 시간대, 들어오는 빛의 밝기 등을 세밀하게 계산하고 완성도를 높여간다. 오랜 세월의 경험과 기술이 그 작품을 말해준다.

직업으로 하기 전, 스무 살 무렵에 5개월 정도 플라워스쿨에 다녔다. 꽃 관련 일을 하려면 자격증을 따두는 것이 좋겠다고 생각한 것. "그런데 과제를 받아 그대로 만드는 방식이 너무 재미없었어요(웃음). 기본 기술만 습득한 다음에는 제 맘대로 자유롭게 만들었죠. 선생님도 흔쾌히 좋다고 하셨고요. 꼭 알아둬야 할 기본은 확실히 익혀두고, 그 다음은 기본을 바탕으로 충분히 응용할 수 있죠. 모든 게 다 자기 하기 나름이니까요."

만들기에 자격 따위는 필요 없다고 생각해서 자연히 플라워스쿨에 발길을 끊었다. "다른 사람에게 배우러 다니기보다는 스스로 고안해서 만드는 게 좋다고 생각해요. 그냥 배워 두는 정도라면 책만 따라 해도 되지만. 일로 하고 싶다면 자신만의 것을 추구해야 하죠. 기본 기술을 익혔다면 그 다음엔 스스로 시행착오를 거치면서 직접 해나가는 편이 개성을 확립할 수 있어 좋아요."

두 곳의 꽃집을 운영하고, 현재의 아틀리에를 연 지 어언 12년. 과거에는 너무 바빠서 체력적으로 무척 힘들었던 시기도 있었다. 지금은 조금씩 일의 속도를 줄여 컨트롤 가능한 범위에서 해내려 한다. "손님은 만족해도 내 자신이 만족할 수 없다면 욕구불만으로 스트레스가 쌓여요. 앞으로도 지금보다 더 느긋하게 일하고 싶어요. 매일 쫓기듯이 일을 하면 그건 무리죠. 몸도 마음도 건강하게 지낼 수 있도록 당분간은 여유 있게 해나갈 생각입니다."

다른 사람은 다른 사람이고, 자신은 자신일 뿐. 때로는 자기만의 속도를 관철시키는 것도 만드는 일에서는 중요하다. "물건을 만드는 것이란 본래 굉장히 즐거운 일이니까요. 그것을 언제나 잊지 않도록 노력하고 있습니다."

# 히라마츠 미카

### 아틀리에

La horttensia azul(올텐시아 아즐)

주소...도쿄 스미나가구 히라다카 3-31-16 #105

휴일...부정기 휴무

홈페이지...www.hortensia-azul.com

### 프로필

1970년 출생

1992년 여자미술단기대학 졸업. 재학시절부터 꽃집에서 아르바이트를 시작.

1995년 '올텐시아 아즐'이란 이름으로 아틀리에 활동을 개시

2000년 현재의 장소에 새 아틀리에를 마련한다.

　　　현재, 웨딩 플라워 기획제작, 플로링 레슨 등을 하고 있다.

**플로리스트가 되려면**...플로리스트를 양성하는 학원 등에 다니며 배우는 사람아 많지만, 자격은 특별히 필요하지 않기 때문에, 기본적인 것만 익히면 된다. 졸업 후 바로 독립하는 것은 어려우므로, 꽃집 등에서 일하면서 실력을 연마하며 경험을 쌓는다.

# 008

작 가 ● 가사오 미에

## 스위트 파티셰

소중한 사람을 기쁘게 하고 싶거나

깜짝 놀라게 하고 싶을 때.

그 바람을 이뤄주는 세상에 단 하나밖에 없는

오더 메이드 스위트.

먹는 것도 기쁘고, 보는 것마저 매력적인

아이디어가 가득한 케이크들.

# 한 사람만을 위한 케이크를 만드는
# 특별한 파티셰

〈SWEETCH〉는 가사오 미에 씨가 운영하는 '오더 메이드 스위트' 아틀리에다. 말 그대로 이미 만들어놓은 케이크를 파는 것이 아니라 손님들의 주문에 따라 케이크나 과자를 구워 만드는 가게다.

제과점에서 초콜릿 케이크나 숏 케이크 몇 가지를 골라 선물용 케이크로 만들어 구입해 본 사람이 많을 것이다. 하지만 가사오 씨가 만드는 '오더 스위트'는 이것저것 조합해 만드는 기존의 스타일과는 전혀 다르다. 처음부터 누군가를 위해 특별히 만드는 스타일이다.

가령 생일 케이크를 주문했다고 하자. 그 사람의 취미가 사진이라는 말 한마디로 카메라 형태의 케이크가 탄생하고, 은행에 근무하고 계신 아버지의 환갑 축하용이라고 하면 10엔짜리 동전 모양을 정교하게 만들어낸 케이크가 완성된다. 화장품 회사에 근무하고 있는 여성에게 보낼 거라고 하면 쿠키로 만든 향수병을 곁들여 좀 더 어른스러운 커피맛 케이크를 만들어준다.

그녀의 작업은 매우 다양하다. 오더 메이드 쿠키 이외에도 패션 브랜드 양복이나 백 모양의 쿠키, 행사용 샹들리에 쿠키를 만들어 전시한다. 가사오 씨의 높은 기술이 뒷받침된 그녀만의 독특한 형태의 스위트들은 왠지 먹으면 안 될 것만 같은 너무나 멋진 것들이다.

"과자의 좋은 점은 모양을 보며 맛을 즐길 수 있는 것 아닐까요? 아무리 재미있고 예쁜 과자도 맛이 없으면 안 되죠."

가사오 씨 어머니는 가정과 선생님으로, 어린 가사오 씨와 함께 이런저런 과자를 만들어주시곤 했다. "제가 만든 과자를 친구들에게 선물하면 굉장히 즐거워했어요. 그것이 어린 마음에도 얼마나 기뻤는지 몰라요."

학생 시절에는 막연히 음식과 관련된 길을 걷자고 생각해 단기대학에서 영양사 자격증을 땄다. 졸업 후에는 과자 만들기로 진로를 정해 센다이 호텔에 취직했다. "과자 만드는 일은 제과점이나 레스토랑에서도 할 수 있지만, 굳이 호텔을 선택한 것

은 폭넓은 분야를 배울 수 있을 것 같아서예요. 우선은 기본을 확실히 몸에 익히고 싶었고요."

당시에는 지금처럼 파티셰를 지망하는 여성들이 많지 않아서 현장 일은 무척이나 고되었다. "과자 만들기를 전문적으로 배운 게 아니어서 지식도 기술도 없었죠. 호텔에서 일하는 것 이외에도 책을 보거나 직접 만들어 보면서 부족한 부분을 채우려고 노력했습니다."

센다이 호텔에서 4년간 근무한 후 더 넓은 시야로 과자의 세계를 배우고 싶어서 도쿄로 올라갔다. 레스토랑을 비롯해 카페, 케이크점 등에서 일을 했다.

"과자 만들기를 다양한 스타일로 경험해 보고 싶었어요. 같은 케이크라고 해도 다양한 표현 방법을 배울 수 있었죠. 하지만 여러 경험을 하면서 저만의 케이크를 어떻게 표현해야 할까 고민하기 시작했습니다."

파티셰는 손님과 직접 이야기할 기회가 아무래도 적다. 주방에서 어떤 마음을 담아서 케이크를 만들어도 실제로 먹는 사람의 반응은 볼 수 없다는 게 아쉬웠다. 서른이 가까워오자 '손님이 기뻐하는 얼굴을 보고 싶다. 지금과는 다른 형태로 과자를 만들어낼 수는 없을까?' 라는 생각이 점점 강해져갔다.

그녀는 새로운 가능성을 찾아 나섰다. 당시 근무하던 가게를 그만두고 훌쩍 유럽으로 여행을 떠났다. 2개월간 영국, 프랑스, 이탈리아 등을 돌며 다양한 것을 보고 습득했다. 잘 아는 프랑스인 아티스트의 소개로 현지의 제과점, 레스토랑에 들어가 아르바이트로 일하기도 했다. 그리고 찾아낸 해답은 '내가 하고 싶은 것을 하자' 라는 것. 그것이 바로 오더 메이드 스위트였다.

"호텔, 레스토랑, 카페, 케이크점 등 다양한 현장에서 과자를 만들어 왔지만, 손님들이 가장 기뻐한 것은 '그 사람만을 위한 케이크' 를 만들었을 때였어요. 사람마다 다양한 사명이 있듯이 파티셰에게도 사명이 있다고 생각해요. 전 세계에서 최첨단 과자를 만드는 사람, 적당한 가격으로 많은 사람들이 먹을 수 있는 과자를 만드는 사람 등등. 그렇다면 한 사람 한 사람의 손님을 위해서 케이크를 만드는 파티셰도 좋지 않을까 생각한 거죠."

〈SWEETCH〉를 오픈한 것은 2년 전, 32살 때였다. "가게를 처음 내기 때문에 장사

하는 것만도 큰일이었죠. 하지만 손님과 이야기를 나누면서 케이크를 만들고, 저만의 표현을 한 케이크를 보고 손님들이 즐거워하는 것을 직업 보고 싶어 과감히 시작했습니다."

아직 '오더 메이드 스위트'가 뭔지 모르는 사람이 많다. 혼자서 제작하고, 광고 및 선전까지 하려니 아무래도 손이 모자랐다.

"더 많은 사람에게 알리고 싶어서 일을 통해 알게 된 친구에게 매니지먼트를 부탁했어요. 케이크집에 매니저가 있다는 것도 새로운 것 같았고요. 일의 방향성이나 새로운 시도 등도 둘이 함께 의논할 수 있어 좋았고, 그녀가 매니저를 해줘서 제작에만 집중할 수 있어 일이 굉장히 수월해졌죠."

손님이 완성된 케이크를 보고 "우왓~!"이라고 기뻐해주는 순간이 말할 수 없이 좋다고 한다. 즐기는 마음과 의외의 아이디어가 담긴 그녀의 케이크는 보는 사람은 물론 먹는 사람들까지 동심으로 바꿔 놓는 마력이 있다.

그녀의 작업 폭은 점점 넓어지고 있다. 오더 메이드 이외에도 캐이터링이나 과자를 소재로 한 행사, 워크숍 등 과자를 통해서 다양한 활동을 할 수 있는 것도 즐겁단다.

"해보고 싶은 게 너무 많이 있어요. 디저트 만드는 것도 좋아해서 디저트만으로 풀코스를 만들어 보고 싶고, 아트와 스위트를 결합시킨 멋진 스위트를 만들어 보고 싶어요. 과자를 가지고 할 수 있는 것은 무궁무진하다고 생각해요. 앞으로도 과자를 통해 새로운 스타일을 계속해서 선보일 거예요."

돌아올 때 선물로 작은 쿠키를 받았다. 입에 넣자 살살 부서지는 부드러운 맛의 쿠키를 먹으며 가사오 씨의 말이 떠올랐다.

"과자를 받으면 누구나 기뻐하고 언제나 행복해하는 장면이 떠오르지 않나요? 저는 그것을 좋아하는 겁니다."

# 가사오 미에

**아틀리에**

SWEETCH

홈페이지...www.sweetch.jp

**프로필**

1974년 출생

1994년 단기대학 졸업 후, 센다이 시내의 호텔에 취직.

1998년 도쿄의 레스토랑, 케이크점, 카페 등에서 다양한 스위트류를 경험함.

2005년 오더 메이드 스위트를 만드는 〈SWEETCH〉로 독립.

　　현재, 파티, 웨딩 등의 행사용 케이크 제작이나 캐이터링, 이벤트

　　기획, 도쿄 내 카페 등에 디저트를 제공하는 등의 일을 하고 있다.

스위트 파티셰가 되려면...조리사 전문학교나 제과전문학교에서 공부하는

것이 일반적이다. 그 후에 케이크점이나 호텔에 취직한다. 가게에 따라 맛

과 제작법이 다르므로, 몇 곳의 가게를 거치며 다양한 경험을 익히는 사람

들도 적지 않다. 어느 정도 경험을 쌓은 후에는 독립하는 사람들이 많다.

# 009

작 가 ● 후지이 사유리

## 가죽 공예, 손목시계

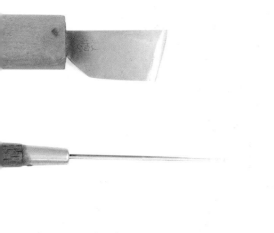

평면이었던 가죽이

순식간에 입체가 되어간다.

가방, 손목 밴드, 지갑 등.

만들어내는 것들을 통해서

누군가와 연결되어 간다.

그러므로, 혼자 만들고 있어도 혼자가 아니다.

# 틀에 얽매이지 않고 일하고 싶었다

도쿄의 시모기타자와 역에서 내려 5~6분쯤 걸으면, 전차 건널목 바로 옆에 후지이 사유리 씨의 오픈 아틀리에 〈NEJI commu〉가 있다. 입구는 온통 그린으로 페인트 칠한 문과 흰 테라스 바닥, 그리고 벽이 따뜻한 분위기를 자아낸다.

그곳에 놓인 검은 가죽 소파, 무심하게 걸어놓은 오브제. 처음 방문하는 사람은 '여기가 가게인가? 들어가도 될까?' 주저하게 된다. 동시에 그 작은 공간에 자신도 모르게 이끌리게 되는 매력을 느끼게 된다.

아틀리에 안에는 백이나 지갑, 리스트밴드(손목 밴드) 같은 가죽 제품과 손목시계가 전시되어 있다. 모두 후지이 씨의 핸드메이드 제품이다. "가죽 공예와 시계, 두 가지를 다 만드는 사람은 적을 거예요. 하지만 저는 양쪽 일을 다 해야 좋은 밸런스를 유지할 수 있더라구요."

가죽 공예 일을 시작한 것은 대학을 졸업하고 나서다. 오더 메이드(주문생산) 가죽 공방에 '직인(職人) 모집'이라는 전단지가 붙어 있는 것을 보고 바로 지원을 했다. "저만을 위한 가죽 리스트밴드는 만들어봤지만, 어디까지나 제 맘대로 만든 거였지 제대로 만든 건 아니었죠. 경험이 없다고 걱정했더니, 처음부터 차근차근 가르쳐준다고 해서 그 길로 뛰어들었습니다."

가죽 공예 작업은 일반적으로 '직인의 세계'다. 긴 수련기간을 필요로 하기 때문에 실제로 만들 수 있게 되기까지는 몇 년이 걸린다. "다행이 젊은 스태프가 많아서 만드는 방법도 바로바로 가르쳐 주는 가게였습니다. 어느 정도 할 수 있게 되자, 하나의 제품을 처음부터 끝까지 혼자 하도록 맡겨주었고요. 작업의 일부만을 담당하고 있으면 전 과정을 파악할 수 없기 때문에, 굉장한 공부가 되었죠."

그곳에서 약 2년간 일을 했다. 그런데 시간이 지날수록 그곳에서 만드는 가방에 대해 회의가 생기기 시작했다. "엘레강스한 가방을 만드는 가게라서 제 취향과는 좀 달랐어요. 제품 하나하나의 완성도는 무척 높지만, 그만큼 값도 비싸 만드는 제 자신이 위화감을 느끼게 되더라구요. 그게 점점 괴로워졌죠."

그럴 즈음에 이전부터 알고 지내던 핸드메이드 시계 작가로부터 공방을 같이 쓰지

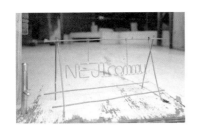

않겠냐는 제안을 받았다. "독립하고 싶어도 혼자서 아틀리에를 갖출 만한 여유는 없었던 터라 고민할 이유가 없었죠. 게다가 기치조지에 있는 JHA(일본 수제 손목시계 협회)를 소개해줘서 일이 없는 날에는 거기서 어시스턴트로 일하면서 손목시계 만들기를 배웠어요. 그때까지 전혀 경험해 보지 못한 걸 시작한 것이 무척이나 즐거웠습니다."

후지이 씨는 가죽 제품과 손목시계를 별개라고는 생각하지 않는다. "가죽은 부드러운 데다 어떤 것이든 다 만들 수 있다는 장점이 있죠. 한편, 시계는 하나의 상품이라서 어느 정도의 틀이 있습니다. 각기 자유와 제약이 있어서 오래 해도 질리지 않는 느낌이죠."

틀에 구애받지 않는 것에 애착이 간다며 웃는 후지이 씨. "반드시 이렇게 해야 한다는 식의 규제를 스스로에게 만들고 싶지 않아요. 최초의 가죽 공방에서 만들었던 제품은 구석구석까지 꼼꼼히 디자인이 정해져 있어서 '각은 반드시 90도'로 맞춰야 하는 식으로 해야 했어요. 그렇지만 저 혼자서 만들면 별로 틀에 구애받지 않아도 되잖아요? 그래서 점점 여유롭게 만들 수 있게 되었어요."

계속 만들어가는 사이에 솜씨도 자연스럽게 좋아졌다. 할 수 있는 것이 늘어갔다. 현재는 혼자서 아틀리에를 운영하고 있지만, 반드시 혼자 하겠다는 생각은 없다. "어찌 하다 보니 혼자서 하고 있지만, 나중에는 누군가와 협력해서 할일도 있지 않을까요? 만드는 거나 작업 스타일도 절대로 이렇게 해야 한다고 못박아두고 싶지 않거든요. 이런 것을 만들고 싶다는 확실한 기준은 필요하지만, 그것에 너무 얽매여서 꼼짝할 수 없게 되는 것은 싫어요. 중심은 확실히 고정시켜두지만, 어느 쪽으로든 갈 수 있는 여백을 남겨두고 싶은 거죠."

형태에 얽매이지 않고, 선입견 없이 일하고 싶다. 말로는 간단하지만 그것을 실행할 수 있는 사람은 별로 없다. 그렇지만 후지이 씨는 극히 당연한 것처럼 쓱쓱 해나간다. 그런 성격에 이끌려 젊은 사람들이 가게에 상담하러 찾아오는 일도 있단다. "만들기를 일로 하고 싶지만 어떻게 해야 좋을지 모르겠다며 길 잃은 어린 양들이 가끔씩 이곳에 찾아옵니다(웃음). 저도 대학시절에는 그랬으니까 그 심정을 알죠."

후지이 씨 역시 뭔가 만들고 싶다는 열정은 있었지만, 자신이 무엇을 할 수 있는지

몰랐단다. "대학시절에는 가죽 말고도 아크릴로 가방을 만들었어요. 영화를 굉장히 좋아해서 그 방면의 일을 생각한 적도 있고요. 이것저것 만들어 보던 중에 가죽이라는 소재가 무척 친근하게 느껴졌습니다. 제 손으로 어떤 형태든 만들 수 있어서 '이거라면 저도 가능하겠다'는 판단이 들었죠."

하고 싶은 것과 할 수 있는 것을 냉정하게 판단하는 것이 중요하다. "일로 할 거라면 생활도 가능해야 하죠. 그렇지만 우선은 이것저것 너무 생각하지 말고 자신이할 수 있는 것부터 해보면 좋아요. 제가 처음에 눈동냥으로 익혀서 리스트밴드를만들었던 것처럼 '할 수 있는 것'이 분명 사람마다 있을 거예요."

작년 말, 파리에서 전시회를 열었다. 지인이 아틀리에에 데리고 왔던 프랑스인의 소개로 뜻밖의 일이 실현된 것이다.

"해외 사람들에게 작품을 선보인다는 것은 굉장히 즐거운 경험이었습니다. 한번도본 적 없는 것이 많았을 텐데 모두들 긍정적으로 받아들여 줬어요. 이 장소가 아니었다면 그런 만남도 없었을 것입니다."

오픈 아틀리에라는 형태로 일을 하는 것이 성격에 잘 맞는단다. 열린 문 저쪽에서누군가가 찾아와서 대화를 한다. 대화를 나누면서 뭔가를 만든다. 그것이 즐겁다.

"같은 공기를 공유하고 싶은 걸 거예요. 물건 만들기란 혼자서 하는 일 같지만, 사실은 그렇지 않으니까요."

그녀가 만든 것을 자신의 가게에 진열해주는 사람도 있고, 주문하는 사람도 있다.그리고 사주는 사람이 있다. 다른 사람에게 보여주기 때문에 혼자가 아니다. 언제나 누군가와 이어져 있단다.

앞으로 물건 만들기를 일로 하고 싶다는 사람들에게 한마디 부탁을 했다.

"저 같은 사람이 말해줄 수 있는 것은 많지 않지만, 일단 그럭저럭 여기까지 해오면서 드는 생각은 느린 걸음으로 성실하게 하는 것이 최고라는 것입니다. 이상한 욕심을 내지 말고 최선을 다하라고요. 그러면 언젠가 누군가가 봐주게 되고, 자연스럽게 여러 가지 것들이 돌아가게 됩니다. 지금 하는 것을 성실히 정성껏 하는 것. 그것뿐입니다."

# 후지이 사유리

**아틀리에 & 숍**

Atelier shop NEJI commu

**주소** .. 도쿄 세타가야구 다이타 5-1-20

**휴일** .. 부정기 휴무

**프로필**

**1976년 출생**

**1999년** 대학 졸업 후, 오더 메이드 가방 가게에서 가죽 직인으로 일을 시작.

**2001년** 가방 가게를 그만두고, 시계 작가 아틀리에에 합류, 제작을 도우면

서 시계 제작 공부를 시작.

**2003년** 개인 아틀리에를 갖춤.

**2004년** 지금의 장소로 아틀리에를 옮겨옴.

현재, 가죽 소품과 손목시계를 제작하고 있다.

**가죽 직인이 되려면** .. 가죽 크라프트 공방이나 핸드메이드 가방 메이커 등

에 취직하는 것이 일반적. 패션 계통의 전문학교나 직업훈련 학교 등에서 가

방 만들거나 가죽 다루는 법을 배울 수도 있다. 일본에서는 한 사람의 어엿

한 가죽 직인이 되기 위한 수련기간은 3년에서 20년이라고들 한다.

# 010

작 가 ● 이노우에 요우코

## 크라프트

영화관의 입장표나

옷의 태그, 신문이나 잡지에서

잘라낸 종이, 그리고 소박한 갱지.

다양한 종류의 종이가 이노우에 씨 손에서

한 번도 본 적 없는 콜라주 작품으로

새롭게 탄생한다.

# 진심으로 프로가 되고 싶었다.
# 그래서 방황하지 않았다

한마디로 느낌을 설명하는 것이 어려운 이노우에 씨의 크라프트 작품들은 종류도 형태도 실로 가지각색이다. 종이나 천으로 만든 상자나 입체물, 사진을 카피해서 만든 포토북, 콜라주로 코팅된 튜브…. 모두 제각각인 듯하지만, 실제로 작품을 보면 공통된 어떤 '분위기'를 강하게 느낄 수 있다. 뒤섞인 컬러, 거친 질감, 모난 딱딱한 것들이 많고, 숫자가 모티브로 많이 채용되었음을 알 수 있다. 어떤 작은 작품이라도 이노우에 씨다운 개성이 응축되어 있다.

이노우에 씨가 본격적으로 작가 활동을 시작한 것은 미대를 졸업하고, 도쿄에 상경한 후부터다. 처음에는 일러스트 그리는 일이 메인이었다. 딱히 아는 사람도 없어 아르바이트를 하면서 출판사나 디자인 사무실에 부분적으로 끼어서 일을 시작했다. 작품을 만드는 사람들 중에는 이 '부분적 참여'나 '영업' 활동이 서툴러 힘들어하는 경우가 적지 않다. 작품은 만들어 놓았는데, 타인에게 작품을 보여주는 시점에서 기가 죽기 마련이다. 헌데 이노우에 씨는 정반대였단다.

"영업을 좋아했어요. 제가 좀 낯이 두꺼워서요(웃음). 처음에는 약간의 용기가 필요했지만 곧 익숙해졌어요. 무슨 일이 있어도 한 달에 5~6번은 찾아가기로 하고, 시간을 내서 꼬박꼬박 돌아다녔죠. 필요 없다는 말을 들어도 그냥 포기하지 않았죠. 다음에 올 때는 쓸 만한 것을 가져오자고 생각하는 타입이라서 주눅이 들거나 겁이나 주저앉지는 않았어요. 모든 사람들이 다 만나준 것은 아니지만, 그렇다고 해서하지 말라고 주의를 준 사람도 없었어요."

디자인 사무실에서 '부분적 참여'로라도 일한 것은 다음 일을 따내려는 목적도 있었지만, 다양한 사람의 의견을 들을 수 있어서 좋았다. "내가 좋아하는 일러스트를 그려 가도 일로 연결되지 않을 때가 많았어요. 하지만 영업적으로 찾아가면 '일로 채택되려면 이렇게 하는 게 좋다' 등 구체적인 조언을 많이 해줘서 꽤 공부가 되었습니다. 집에서 열심히 작품만을 만든다고 해서 저절로 일이 풀리는 건 아니잖아요. 저는 '뭘가 만드는 것'을 일로 하고 싶은 사람이기 때문에 남들이 봐주지 않는 것은 아예 일이 아니라고 생각했습니다."

다른 한편, 자신의 작품은 반드시 사용될 수 있을 거라는 자신감이 있었단다. "잡지나 카드에 사용되는 일러스트를 보고 '내 그림이 더 낫다'고 생각하고 있었으니까요(웃음). 근거는 없지만 어쨌든 자신감만은 있었습니다."

간사이 사투리로 시원시원하게 말하는 이노우에 씨. 어찌 보면 교만하게 들릴 수 있는 '자신 있었다'는 말조차 수긍하게 만드는 그녀. 일견 쿨하고 드라이하게 보이는 작품과는 달리, 재미있는 캐릭터 같다.

아르바이트를 하면서 동시에 영업까지 하는 분주한 나날은 3~4년간 계속되었다. 부분적으로나마 참여해서 하는 일이 점차 늘어났고, 잡지의 이미지 컷, 단행본 표지 그림 청탁 등이 들어와 일정하게 일을 할 수 있게 되었다. 그런데 점차 일러스트레이터라는 직업에 회의가 들기 시작했다.

"일러스트란 일은 소설이나 잡지의 기획에 맞춰서 그려야 하죠. 클라이언트가 '이렇게 그려주세요'라고 하면 거기에 맞춰 그려야 합니다. 그런 작업을 계속하는 동안에 이게 진짜로 내가 그렇게도 하고 싶었던 일인가 하는 의문이 들기 시작했습니다."

그때 떠오른 것이 콜라주였나. "콜라주 작품 제작은 쭉 해왔지만, 메인으로 작업하기엔 어려울 거라고 생각했거든요. 일러스트는 알기 쉽지만 콜라주로 표현하면 '이걸 어떻게 써'라는 말을 들을 것 같아서요."

그래서 우선 상자나 노트 등의 작품을 만들어 숍에 진열해 봤다. 그러다 26살 때 첫 개인전을 열었는데 반응이 괜찮았다. 갤러리나 숍 등에서 그녀의 작품을 진열해 주는 곳이 늘었고, 동시에 잡지에서도 콜라주로 작업할 수 있게 되었다.

"한번 일이 성사되자 결과물을 이해하기 쉬워진 거죠. '아, 이런 식으로 콜라주를 쓰면 좋겠다'고 클라이언트들도 수긍하게 된 겁니다. 작품이 게재되면 그걸 보고 또 다른 의뢰가 들어왔죠."

이노우에 씨는 그녀의 작품이 잡지에 게재되거나 사진으로 찍히는 것이 즐겁다고 한다. 자신이 만든 작품을 또 다른 각도에서 보는 것이 재미있어서이다.

"아하, 이런 시점도 있구나 하는 재발견이라고나 할까요. 그것이 다음 작품 만들기

에 이어지는 일도 있고요. 또 눈앞에서 제 작품을 구입해주는 사람을 봤을 때 정말 기뻤어요. 제 작품들은 사람에 따라서는 허접하거나 쓰레기처럼 보일 수도 있다고 생각해요. '도대체 뭐가 좋지?' 라고 생각하는 사람도 많을 거예요. 그런데 고민 끝에 어떤 작품을 골라 사주시면 정말로 기쁘죠. 집에 어떻게 걸어놓을지 상상하는 일도 즐겁고요."

작업을 하다 한계에 부딪혔을 때나 도통 아이디어가 떠오르지 않을 때는 무조건 밖으로 나가 걷는다. 빌딩의 형태나 스쳐지나가는 사람들이 입고 있는 옷, 벽의 색감, 무심히 눈에 들어오는 것 모두가 힌트가 된다. "전 누워서 뒹굴며 생각하면 재미있는 게 하나도 떠오르지 않아요. 밖에서 좋은 풍경과 만나면 그것만으로도 오늘 수확이 있었구나 싶죠."

멋진 상태로 녹슨 벽이나 잘 썩은 목재를 발견하면 그만 흥분해 사진 찍기에 몰두한단다. "길 가던 사람들이 '뭐하는 사람이야?' 라며 수상히 여길지도 몰라요(웃음). 저에게 있어서는 그런 것이 작품 만들기에 많은 영감을 줍니다."

이 일은 밖에 나가 사람과 만나 관계하지 않으면 해나갈 수 없다. 서로 정보 교환도할 수 있어서, 같은 것을 만드는 사람과 이야기하는 것이 좋은 자극이 된단다.

"진심으로 프로가 되고 싶은 사람들과 사귀는 걸 좋아해요. 취미로 하는 사람과는

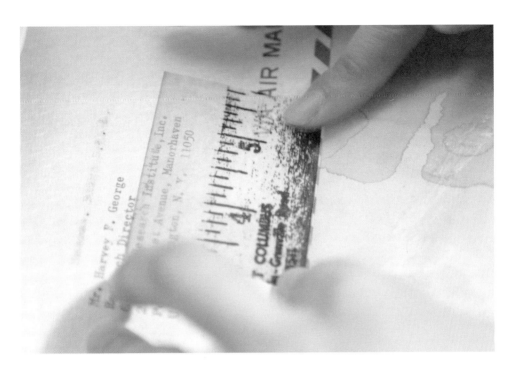

아무래도 사고방식이 다르죠. 프로를 목표로 하는 사람과 이야기하는 것은 늘 자극이 됩니다."

작품 만드는 것이 자신의 일이라는 점에선 방황하지 않지만, 그래도 나름대로 괴로운 점은 있다. 작품을 만드는 것과 그것을 파는 것의 밸런스를 취하는 것이 무척 어렵기 때문이다.

"잘 팔리는 건 누구나 좋아하는 예쁜 외형에 실용성이 있는 거죠. 그런데 제가 만들고 싶은 것은 그런 것과는 좀 다릅니다. 그렇다고 제가 만들고 싶은 것만 만들 수도 없고, 그렇게 하는 게 꼭 옳다고도 생각하지 않아요. 둘의 균형을 놓고 지금도 자주 고민합니다."

가끔 사람들로부터 '그런 일로 먹고 살 수 있어?'라든가 '작품을 만들어 먹고 살아간다는 건 무리 아냐?'라는 부정적인 이야기를 듣곤 한다. 하지만 그런 이야기 때문에 소신이 흔들린 적은 없단다.

"실제로 자기가 좋아하는 것만을 만들며 먹고 살아갈 수 있는 사람이 얼마나 될까요? 정말 소수가 아닐까요? 그럼 저는 그 소수가 되면 되는 거예요. 스스로 분발하고 노력해서 먹고 살아갈 수 있으면 되는 거죠."

실로 심플하다. 그리고 굉장히 믿음직스러운 말이다.

# 이노우에 요우코

### 아틀리에

도쿄 내 아틀리에에서 제작

홈페이지...http://www.craft-log.com/

### 프로필

**1975년** 출생

**2000년** 교토 조형예술대학 졸업. 도쿄 상경 후, 일러스트레이터로 활동시
작. 매년 개인전, 그룹전을 개최.

**2004년** 잡지, 서적 등에 콜라주를 발표. 오리지널 작품을 전시, 판매하고
있다. 현재, 단행본, 잡지, 광고 등의 일을 하면서 오리지널 작품을
개인전이나 그룹전으로 발표하고 있다.

**크라프트 작가가 되려면...** 페이퍼 크라프트만을 직업으로 하고 있는 사람
은 세계적으로도 드물다. 대학, 전문학교의 미술 계통이 진로가 되겠지만,
학력이 도움이 되거나 보증해주진 않는다. 작품은 홈페이지, 숍, 갤러리 등
에서 전시 판매하고 있다.

앤티크한 촉감을 느끼게 하는 액자.

나무 질감을 살린 심플한 액자. 벽에 거는 그림을 더욱더 매력적으로

보이게 하는 그런 액자를 자신의 손으로 직접 만들어낸다.

# 011

작 가 ● 이 시 이 하 루 코

## 핸드메이드 액자

# 세상에 단 하나밖에 없는 액자 만들기

"파리 16구에 있는 모네 마르모땅 미술관(Musée Marmottan Monet)에서 만난
액자에 충격을 받았어요. 영화나 드라마의 한 장면처럼 주위 풍경이 흐릿해지면서
눈앞의 한 점에만 포커스가 맞춰지는 거예요. 다른 것은 안 보이고 그 액자만 또렷
이 눈에 들어오더라구요."

이시이 하루코 씨의 직업은 '액자 작가'. 〈KANESEI〉라는 공방에서 이탈리아의
고전적인 기법을 이용해 액자를 제작하고 있다. 그러나 액자 제작의 길로 들어서기
전에는 '복원가'가 될 생각이었다고 한다. 처음 복원가를 꿈꾸게 된 것은 초등학생
때였다. 일본 역사 교과서에 자주 나오는 나라(奈良)의 도쇼다이 절에 있는 간진와
죠조(鑑眞和上像 : 일본 초상 조각물의 최고 걸작품)를 본 게 계기가 되었다.

"양친 모두 미술을 좋아하셔서 어릴 때부터 자주 전시회에 데리고 가주셨어요. 어
느 날 간진와죠조를 볼 기회가 있었는데, 어린 나이에도 그 작품을 보고 한동안 멍
해 있었죠. 어머니는 그런 저를 보더니 '이런 고미술을 복원하는 일도 있단다' 하고
가르쳐주셨어요. 그 말이 굉장히 마음에 남았습니다."

고교생이 되어 진로를 선택할 무렵, 너무나 자연스럽게 복원가의 길을 생각했다.
골동품 애호가인 양친의 영향도 있어서 새로운 것보다 옛것을 더 좋아했다. 성격
면에서도 매번 새로운 것을 좇는 것이 불가능한 타입이라 그게 잘 어울렸다.
대학에서는 고전기법이나 템페라를 배웠고, 학교 밖에서는 그림 복원가의 아틀리
에에 다니며 이런저런 것들을 배웠다. 한편, 이탈리아에서 본격적으로 회화 복원

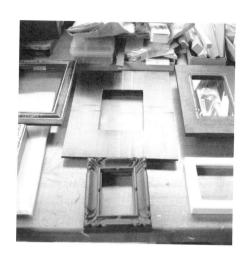

을 공부하기 위해 재학시절부터 어학원에서 이탈리아어를 배우고 유학준비를 했다. 대학 졸업 후 피렌체로 건너가 어학교에 입학했다. 착착 회화 복원가가 되기 위한 기반을 구축해갔지만, 마음 어딘가에 늘 작은 망설임이 있었다.

"그림 그리는 건 좋아했지만, 솔직히 유화 그리는 실력은 좀 부족했어요. 회화 복원은 대부분이 유화라서 유화 실력이 상당히 필요한데, 잘 해낼 수 있을까 하는 걱정이 있었죠. 회화 복원이 정말 나한테 맞는 일일까 하는 의문도 생기고요."

복원 학교의 입학일이 다가오자 고민은 점점 더 커져갔다. 그러던 차에 파리에 사는 친구도 만날 겸 파리로 잠시 여행을 떠났다. 거기서 앞서 말한 액자와의 운명적인 만남을 갖게 된 것이다.

"오래된 집을 미술관으로 개조한 듯한 곳이었어요. 어느 한 방에만 고딕시대의 미니어처럼 그림이 걸려 있었는데, 그 액자를 보고 얼마나 놀랐던지…. 모네 그림을 보러 갔는데 그림은 거의 눈에 들어오지 않고 액자에만 눈이 간 거죠. 작고 반짝거리면서도 몇 시대를 걸쳐온 아름다움이 묻어 있는 그 액자에는 제가 좋아하는 요소가 전부 들어 있었어요."

온화하고 느긋한 분위기의 이시이 씨이지만, 의외로 뭔가를 좋아하게 되면 주변의 다른 게 전혀 보이지 않는 타입이란다. '액자를 만들고 싶다. 이것밖에 없어'라는 생각에 학교로 돌아오자마자 목공복원 코스로 전공을 바꿨다.

"3년간의 유학생활은 제 인생에 있어서 가장 열심히 공부했던 시기입니다. 수업 중 이루어지는 토론은 모두 이탈리아어인데다 전문용어가 총출동되기 때문에 늘 사전을 한손에 들고 매일 필사적으로 공부하지 않으면 따라갈 수 없었어요. 그래도 돌아가고 싶다든가, 괜히 시작했다고 후회한 적은 단 한 번도 없었습니다. 공부는 정말 어려웠지만 그 어려움과 즐거움의 낙차가 오르내리는, 긴장의 나날이었죠."

2학년 때부터는 학교 밖 연수를 장려했다. 그러나 연수처는 학교 소개가 아니라 학생 스스로 찾아야 했다. "다른 학생들은 모두 복원 공방을 찾아 연수를 시작했지만, 저는 액자 공방을 샅샅이 훑었어요. 헌데 여자인데다 일본인이라는 이유로 받아주지 않았어요. 겨우 마지막으로 방문한 작은 공방에서 제작을 도우며 일을 배울 수 있게 되었습니다."

2년간 신세를 진 그 공방은 부부가 경영하는 작은 액자 공방이었다. 그 부부는 이시이 씨에게는 '피렌체의 부모님' 같은 존재였다. "여러 가지로 잘 해주셨어요. 추억도 너무너무 많죠. 저는 손이 느려서 '그렇게 느리게 하다간 밥도 못 먹어!' 라고 자주 말씀하셨어요(웃음)."

3년간의 유학생활을 끝내고 귀국했다. 귀국 후 얼마간은 지인의 소개로 부탁받은 액자를 제작했지만, 오래 하지는 않았다. 이런 식으로 지내다가는 일이 아닌 취미 수준으로 끝나버릴 것 같았기 때문이다. 점차 초조해지기 시작했고, 액자 만드는 회사에 취직할까 하는 생각까지 했다. "하지만 액자 만드는 회사에서 할 수 있는 일이란 액자 디자인이나 수출입 업무 이외에 다른 게 없잖아요. 그런데 저는 제 손으로 액자 만드는 일이 너무 좋아서, 그 일에 애착이 컸어요."

출신 대학에서 비상근 강사로 일하면서 액자 제작을 계속했다. 그러던 어느 날, 지인의 소개로 유명 사진가의 액자를 만들게 되었다. 그것이 인연이 되어 그 사진가가 설립한 스튜디오에 소속되었고, 매너저도 생겼다.

"그건 정말 큰 전기였어요. 저 혼자서는 거의 불가능한 홍보활동을 매니저 분이 다 해주셨어요. 각종 미디어에서도 제 액자를 다뤄줬고, 제 활동영역이 순식간에 넓어졌지요."

현재는 주문접수와 판매창구로 인터넷 아트 쇼핑몰과 계약을 맺었다. 작업은 자택 2층에 있는 아틀리에에서 한다. 모두 혼자서 제작하기 때문에 한 작품에 3주 정도의 시간이 소요된다.

이시이 씨에게 있어서 액자는 '어디까지나 액자 속 작품을 잘 보이게 하기 위한 것'

이상도 이하도 아니란다. 그 때문에 주문이 들어오면 액자에 담길 작품을 보고, 가능하면 어디에 걸릴지 그 장소까지 살핀다. 액자의 디자인이 결정되면 실제 작업에 들어간다. 액자를 완성해가는 작업 공정도 즐겁지만, 가장 기쁜 것은 액자를 납품할 때 주문자의 반응을 보는 것이다.

"모로코 사막 그림을 액자로 만들어달라는 주문을 받은 적이 있어요. 액자를 만들기 전 주문자와 충분히 이야기를 나눴는데, 여행지에서 구입한 그 그림을 얼마나 소중히 여기는지 알겠더라구요. 여러 가지 시행착오 끝에 액자라고 말하기 힘들 만큼 심플한 액자를 완성했죠. 주문자에게 액자를 넘겨주자 '아! 그 장소에 갔을 때 기억이 되살아나는 것 같다'고 말해줘 정말 기뻤어요."

정말로 좋아하는 일이긴 하지만, 전부 엎어버리고 달아나고 싶을 때도 있다. 스스로에게 자신이 없을 때도 있다. 이 그림에 이 액자가 정말 괜찮은 것인지 확신이 서지 않을 때가 가장 괴롭다.

"그럴 때는 주변 사람이나 가족에게 보여주고 솔직한 의견을 들어봐요. 그런데 주변의 대답은 이미 저도 알고 있는 것들이더라구요. 제 스스로 이상하다고, 맘에 안 든다고 생각했던 부분이 결국은 지적을 받는거죠. 그러고 나면 스스로도 납득이 돼서 다시 묵묵히 일에 몰두할 수 있게 됩니다."

앞으로의 꿈은 자신만의 액자 교실을 여는 것. 언제가 될지 모르지만 템페라와 액자 교실을 여는 게 그녀의 오랜 소망이자 꿈이다.

"자신이 그린 그림을 직접 만든 액자에 끼울 수 있는 교실을 열고 싶어요. 예전에 네 그룹의 액자 작가가 모인 전시회에 참가했는데 십인십색의 액자가 나오더라구요. 그때 제가 만든 액자는 저만의 개성과 톤이 있다는 걸 새삼 깨달았습니다. 의식하지 않아도 개성은 자연스럽게 커가는 거니까요. 자신의 그림을 자신의 액자에 넣을 수 있다면 그 사람이 가진 개성이 하나의 작품으로 완성되지 않을까요. 그림을 그리는 사람에게 있어서 이것만큼 이상적인 형태가 또 있을까 싶습니다."

# 이시이 하루코

**아틀리에 & 숍**

공방 KANESEI

홈페이지...http://www.blog-jp.com/shop/brand_6.html

**프로필**

**1973년** 출생

**1996년** 와코우대학 인문학부 예술학과 졸업.

　　　이탈리아 피렌체 Palazzo Spinelli 예술학원 목공복원과 입학.

**1997년** 프랑카란치 액자공방에서 고전기법 액자제작을 배움.

**1999년** 이탈리아 토스카나주 공인 목공복원사 자격 취득.

　　　귀국 후, 오더 메이드 오리지널 액자 제작개시.

**2002년** 와코우대학에서 템페라화 부문 비상근 강사(2005년까지)

　　　현재, 주문 작품 중심으로 액자 제작 중.

**핸드메이드 액자 작가가 되려면**...대학이나 전문학교, 직업훈련 학교 등에서 목공을 배우는 사람이 있는가 하면, 일본 내에서는 액자점(제조판매점)에서 수업을 받거나, 완전히 독학으로 제작하는 사람도 있다. 작품은 입소문이나 인터넷 홈페이지를 통한 주문, 갤러리나 인테리어숍에서 판매하는 방법 등이 있다.

종이 한 장과 가위.

이 두 가지 도구만으로 아름다운 작품이 탄생한다.

하나하나 오려낸 종이에 의외의 아름다움이 빛난다.

# 012

작 가 ● 야구치 가나코

## 종이 오리기

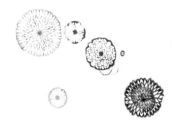

## 자신만이 만들어낼 수 있는 것을 끝까지 찾았다

사각 종이를 작게 접어 가위집을 낸다. 펼쳐보면 사각형이었던 종이가 생각지도 못한 형태로 변해 있다. 어릴 적, 누구나 한번쯤 해봤을 종이 오리기. 야구치 가나코 씨는 그 종이 오리기를 모티브로 아트워크를 하고 있다. '종이 오리기'라고 하면 생각나는 일본풍 문양뿐만 아니라, 프랑스풍 문양, 유기적인 모양, 또는 왠지 그리움을 자아내는 독특한 분위기의 모양 등, 색이나 형태도 가지가지다. 종이 오리기 작품을 보는 것도 즐겁지만 야구치 씨가 그것을 만드는 것을 보는 것도 무척이나 흥미 깊고 즐겁다.

"다른 사람에게 만드는 걸 보여주는 일도 가끔씩 있어요. 종이 오리기 장르를 체험하라고요. 말로는 이해하기 좀 어려운 면이 있어서요. 종이 오리기 작가라고 말해도 모르는 사람들이 많은 편이에요. '그래서, 어떤 일을 해요? 뭘 만들죠?'라고 꼭 물어볼 정도로요. 입으로 설명하는 것보다 눈앞에서 만드는 것을 보여주는 것이 훨씬 빨라요."

이야기를 하는 중에도 가위를 들고 손은 쓱쓱 계속 움직인다. 언뜻 보면 마구잡이로 대충 자르는 것처럼 보이는데, 나올 형태가 이미 머릿속에 있다고 한다. 옆에서 보고 있는 입장에선 어떤 형태가 나올지 전혀 예측할 수 없다. 음, 야구치 씨 머릿속을 들여다보고 싶을 정도라고 할까? 문득 그런 생각마저 들었다.

야구치 씨가 종이 오리기를 시작한 것은 20세 무렵. "문득, 하고 싶었어요" 그냥 해본 것이 시작이었다.

"당시, 미대에서 공간 디자인을 공부하고 있었어요. 공부 자체는 재미있었지만, 건축이나 설계는 누군가의 손을 빌리지 않으면 불가능하죠. 처음부터 끝까지 제 손으로 가능한 일이 좋지 않을까 생각하기 시작했습니다."

자신의 손 안에서 완결되는 것을 만들고 싶다. 그런데 자신에게 무엇이 잘 맞는지 몰랐기 때문에, 할 수 있는 것을 모조리 도전해봤다. "그림도 그렸고, 오브제나 입체작품도 만들어 봤습니다. 양복이나 천으로 만드는 소품도 제작해 봤고요. 종이 오리기는 그러면서 가끔씩 해본 것 중 하나였어요. 종이 오리기 자체는 평면이지만

만드는 과정은 입체에 가깝죠. 대학에서 배운 공간 디자인과 조금
은 공통점이 있다고 생각했어요."

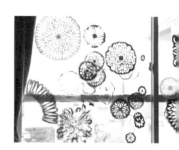

그렇지만, 그것이 작품이 된다고까지는 생각하지 못하고, 오랫동안
다른 사람에게 보여주는 일도 없이 집에서 꾸준히 종이 오리기를 계
속했다.

"어느 날, 종이 오리기로 콜라주한 것을 학교에 가지고 갔더니, 주
위의 반응이 예상 밖으로 좋았어요. '재밌다, 이거!!' 라는 말을 많이
들어서, 자신감이 드는 동시에 좋아, 좀더 해보자 하는 열의가 생겼
죠."

종이 오리기를 프린트나 패치워크로 작업해 티셔츠나 가방 등 천에
붙여 만든 소품, 조명 등 다양한 작품으로 만들어냈다. "종이 오리
기만으로는 아무도 관심을 가져주지 않을 테니까, 뭔가 형태가 깃
든 작품으로 만들어내야 한다고 생각했어요. 그때까지 양복이나 소
품을 만들어 보며, 여러 가지 시행착오를 해온 것들이 도움이 되었
어요. 헛되지 않아서 다행이었죠."

대학 4학년 때, 비로소 개인전을 개최했다. 조금씩 숍에 상품을 놓
아둘 수도 있게 되었다. 1년에 몇 번씩 개인전을 하면서 아르바이트
를 하는 나날이 계속되었다. 하지만 종이 오리기만으로 지낼 수 있
게 되기까지는 시간이 걸렸다.

"25살 때, 지인의 소개로 여러 분야의 디자이너들과 작업실을 함께
쓰게 되었어요. 그 사람들이 제 작품을 재미있어 해서, 아트워크 소
스로 사용하거나 디자인에 넣어주기도 하면서 일을 소개받게 되었
죠. 정식 영업은 서투르기 때문에, 행운이었다고 생각해요. 조언도
해주고, 정말 공부가 되기도 했고요. 지금도 소중한 사람들이 되었
죠."

자신에 대해서 '어느 날 문득 정신차려보면, 같은 일만 해대는 타
입' 이라고 한다. 그렇기 때문에 다른 사람들의 의견은 무척 중요하

다. "그렇지만, 의견을 듣는다고 해서 곧바로 행동하진 못해요. 누군가에게서 들은 말은 어쨌든 머릿속 한구석에 남겨두고, 한참 지나고 나서 아, 그 사람이 말한 것이 이런 거구나 하고 깨달아요. 제 나름대로 제대로 소화하지 못하면 움직이지 못하는 거겠죠. 시간이 꽤 걸리는 성격이에요, 정말로."

지금도 집에 있을 때는 시간만 나면 가위를 손에 들고 있다. 여행갈 때도 무심코 가방에 가위를 넣는다.

"그래도 이전에 비교하면 저만의 페이스로 일을 해낼 수 있게 되었어요. 어깨 힘을 뺐다고나 할까요? 뭔가에 홀린 듯이 계속 만들기만 했던 시기도 있었죠. 어쨌든 원하는 만큼 잔뜩 만들어내야 한다고 자신을 몰아붙이면서요."

지금에 와서는 그런 시기의 경험이 좋았다고 생각한다. 그렇지만, 지금은 더욱 더 하나하나의 작품과 진지하게 마주하고 싶어 한다.

"종이 오리기 일을 의뢰받는 기회가 늘어나서, 오히려 지금이 하루 종일 종이를 오리는 시간이 많아요. 그렇지만 이전보다 더 자신을 제대로 파악하고 있어서 진짜 저다운 것들을 제작하고 있다는 느낌이 들지요."

종이 오리기를 통해 '자기다운 표현'을 발견하고, 일이라는 형태로 만들어 온 야구치 씨. 물건을 만드는 사람은 누구나 모두 자신밖에 불가능한 표현, 자신만이 만들어낼 수 있는 것을 찾고 있다. 그렇지만 그것을 발견하는 것은 쉬운 일은 아니다.

"제가 지금 전문학교 강사 일도 하고 있는데요. 젊은 학생들과 이야기하면, 입으로는 다양한 얘기를 하지만, 과연 손을 움직여 뭔가를 하고 있는지 의문이 들어요. 확실히 '누구도 하지 않은 것'을 발견하는 것은 어렵기도 하고, 그런 것들이 이미 세상에 남아있지 않을지도 몰라요. 제가 그 나이일 때보다는 정보도 많아지고, 참 많은 지식도 갖고 있지요. 하지만, 생각하기 전에 우선 자신의 손을 움직여 뭔

가를 만들어야 해요. 그러는 동안 나아가야 할 길이나 좋아하는 일에 대해 점점 깨
달아갈 테니까요."

학생들과 접하는 사이, 자기 자신을 되돌아보게 되는 일도 있다. 현실을 직시하고
바로잡는 계기가 된다.

"하고 싶은 것은 무엇이든 해보면 알게 돼요. 그러는 중에 질리지 않고 쭉 계속할 수
있는 것을 선택하면 되죠. 가장 중요한 것은 주변 사람들을 소중히 하는 것. 마지막
까지 지지가 되는 것은 역시 가족이나 친구, 가까운 곳에 있는 사람들이니까요. 그
렇지만 이런 건 오랜 시간에 걸쳐 나이를 먹어가며 겨우 깨달은 것 같아요. 저도 일
을 막 시작했을 무렵에는 저 혼자서 뭐든지 가능하다고 생각했으니까요."

종이 오리기 작가로 활동을 시작한지 10년째. 이제부터는 종이 오리기 자체를 작
품으로 보여주고 싶단다. 의외로 종이 오리기 자체를 메인으로 한 전시를 한 적이
없다.

"뭔가 물건으로 만들어내지 않으면, 오려낸 종이만으로는 작품이 될 수 없단 생각
을 쭉 해왔던 것 같아요. 그것을 주변에서 지적받아서, 겨우 깨달았어요. '종이 오
리기만으로도 충분히 재미있어. 종이 오리기로 표현할 수 있는 것이 잔뜩 있잖아?'
란 얘길 듣고 아, 그렇지 한 거죠. 여기까지 오는 데도 꽤 시간이 걸렸어요. 그렇지
만, 지금까지 쌓아온 것이 있기 때문에, 앞으로 할 개인전을 위한 작품들도 잘 발전
시켜갈 수 있겠죠."

개인전 이외에 공간 디자인이나 영상 등, 다양한 형태로 종이 오리기를 보여주는
일도 해보고 싶다.

"많은 사람들과 함께, 서로서로 연관된 것들을 만들어 보고 싶어요. 저 혼자서 하고
싶어서 시작한 종이 오리기지만, 저 혼자서 해낼 수 있는 일에는 한계가 있죠. 게다
가 다른 사람과 관여된 일을 하면, 작품에 대한 시각이 달라지거든요. 저만의 상상
을 넘어선 재미를 종이 오리기를 통해서 볼 수 있으면 좋겠어요. 우선 종이 오리기
개인전을 스스로도 만족할 만큼 해낸 뒤에, 많은 사람들과 자연스럽게 연관된 일을
해나가고 싶어요. 지금까지 하고 싶어도 실현할 수 없었던 것을 형태로 만들어 보
는 거죠."

# 야구치 가나코

### 아틀리에 & 숍

자택 겸 아틀리에서 제작중

홈페이지...http://www.yorokobinokatachi.com

쇼핑몰...노안(野庵)-yarn- http://www.a-yarn.com/

숍...Mic Mac, http://www.mic-mac.net/

### 프로필

1976년 출생

1998년 여자미술대학교 졸업. 재학시절부터 개인전이나 그룹전을 통해
　　　 종이 오리기 제작활동을 시작했다.

2003년 해외에서 작품발표 개시.

2007년 첫 작품집 출간.
　　　 현재, 개인전을 중심으로 의류 브랜드와 연계된 콜라보레이션
　　　 작업이나 점포, 잡지 등의 아트워크, 워크숍 등을 실시하고 있다.

**종이 오리기 작가가 되려면...** '종이 오리기 작가' 라는 이름으로 활동하고
있는 사람은 아주 드물다. 야구치 씨의 경우에는 종이 오리기를 상품에
접목시켜 판매를 하고 있는데, 점포 등의 디스플레이나 인테리어를 위한
아트워크로도 활용되는 등, 스스로 '종이 오리기 작가' 로서 길을 개척해
왔다.

공방 이름인 〈ZAPATEO〉는 스페인어로 '스텝,
구두소리' 라는 뜻. 발걸음이 가벼워 마음까지 춤을
주게 만드는 오더 메이드 슈즈를 목표로 한다.
손으로 정성스럽게 만들어낸 구두라
오랫동안 소중히 신을 수 있는 독특한 행복이 있다.

# 013

작 가 ● 노다 마리코

# 슈즈 디자이너

## 좋아하는 구두를 직접 만드는 것이 좋았다

요코하마에서 구두공방 〈ZAPATEO〉를 운영하는 노다 마리코 씨. 신사, 숙녀용 오더 메이드 슈즈와 아동 슈즈를 모두 핸드메이드로 제작하고 있다. 노다 씨의 전 직업은 디자이너. 대학에서 공업 디자인을 전공해, 대기업인 필름 회사에 취직했 었다.

"동급생이 그런 회사에 디자이너로 취직한 걸 보고, 저도 별로 깊이 생각하지 않고 같은 길로 가게 되었어요. 콤팩트 카메라 디자인에서 시작해, 카세트테이프나 MD 커버, 인쇄용 기재의 패널 디자인, 현상 서비스 부문의 웹디자인, 여성을 위한 웹사 이트 제작 등, 다양한 디자인 작업에 관여했어요."

그런데, 입사 당시부터 막연하게 '이 일을 내가 과연 계속 해나갈 수 있을까?' 하는 의문이 있었다. "제 경우, 카메라 디자인을 하고 싶어서 입사한 것은 아니었으니까 요. 뜨거운 열정을 가지고 입사한 사람들과는 마인드 자체가 달라서, 점점 차이가 나기 시작했어요. 이 회사를 평생 다닐 순 없겠구나 하고 자각한 거죠."

구두 만들기와 조우한 것은 25세 때. 멕시코에서 태어난 노다 씨는 어린 시절부터 구두를 신고 자라났고, 엄청난 구두 마니아였다.

"어느 날, 같은 부서 남자 선배가 굉장히 멋진 구두를 신고 왔어요. 그 선배도 구두를 무척이나 좋아하는 사람이라 '그거, 멋지다! 평소 신던 거랑 완전히 다른데요? 어디서 산 구두예요?' 라고 묻자 '산 게 아니고, 내가 만든 거야' 라고 해서, 또 한 번 깜짝 놀랐어요. 구두를 직접 만들어요? 어디서 배운 거예요? 그런 식으로 질문을 왕창 해댔죠."

소개받은 학교로 견학을 갔다가 그대로 입학했고, 일주일에 한 번 하는 공부가 시작되었다. "처음 만든 것은 숏부츠였어요. 작업이 무척 즐거웠죠. 선생님께 '그런 건 무리야' 란 소릴 많이 들었습니다. 지금 돌이켜보면, 확실히 터무니없는 걸 만들고 싶어 했다고 생각하지만, 당시엔 어째서 생각한 대로 디자인이 불가능한 건지 의문투성이였어요. 모르면 겁이 없잖아요(웃음)."

반년 정도 걸쳐서 최초로 구두 한 켤레를 완성했다. 구두 만들기의 기쁨을 실감하고, 그때부터 자신이나 가족들을 위한 구두 만들기를 계속했다. "만드는 법을 배워가면서 좀더 이렇게 해보고 싶은데, 그러려면 어떻게 해야 할까? 하고 알고 싶은 게 점점 늘어나서 전문가 과정을 밟게 되었습니다."

매일 7시~10시까지 회사가 끝나면 학교로 갔다. 게다가 요코하마에서 구두 밑창을 만들고 있는 직인의 제자로도 들어가, 월 2회 토요일은 거기서 수업을 받았다.

덕분에 평일에는 수면시간을 3~4시간밖에 취할 수 없었다.

"싫은 일을 억지로 참고 하는 게 아니었기 때문에, 괴로웠던 기억은 없어요. 수업이 끝나고 나서 다시 회사의 회식자리에 참가하기도 했으니까요(웃음). 제가 생각해도 힘이 넘쳤습니다. 공부할 수 있는 기간이 정해져 있는 데다, 나만의 비밀이란 생각에 좋아서, 더 분발할 수 있었던 것 같아요."

25세부터 5년 동안, 회사근무와 구두 만들기 수업을 계속 병행했다. 회사를 그만두고 독립한 것은 서른 살 때. "서른에 독립하자고 미리 정해놓았던 건 아니었어요. 혼자 사는 아파트에서 작업하는데 공간의 한계를 느끼기 시작할 무렵, 지인이 괜찮은 장소가 있다며 쓰겠냐고 제안해 온 거죠."

그게 현재의 아틀리에다. 결코 넓진 않지만, 혼자서 작업하는 데는 충분한 공간이었다. 시끄러운 소리가 나도 괜찮은 환경 역시, 아틀리에로는 최적이었다.

"먼저 장소가 정해졌지만, 주문만으로 운영할 수 있는 건 무리였죠. 부업을 가져야 하나 생각해서 밑져야 본전이라며 구두 만들기 학원에 무턱대고 전화를 했어요. 회사를 그만두고 독립하려고 생각하고 있는데, 주문만으로는 어렵고 뭔가 제가 할 수 있는 일이 없냐고요."

구인정보가 있던 것도 아니고, 아는 사람이 있던 것도 아니었다. "그쪽에선 좀 놀랐겠지만, 일단 만나서 이야기를 들어주셨어요. 그리고 컴퓨터로 디자인화를 그리는 수업의 강사가 비어있으니까, 해보지 않겠냐고 이야기가 진전되었죠."

회사에서 디자인 일을 했기 때문에, 컴퓨터 작업에 어려움은 없었다. 남은 1년간 회사에서 업무인계를 하고 2000년에 퇴직했다. 독립의 길로 결단을 내린 것이다.

"행동을 시작하니 뭔가에 연결되더라고요. 그렇지만 생각보다 너무 잘 풀려서, 과연 내가 이 기회를 잡아도 좋을까 하는 불안은 있었습니다. 정말 잘 해낼 수 있을까 하고요. 하지만 결정을 했으니 남은 건 실천밖에 없었죠."

처음엔 가족이나 전 회사의 동료, 친구, 지인 등의 주문이 중심이었다. 색다른 경력의 여성 구두 직인이 드물어, 각종 매체에도 소개될 기회가 많았고, 그것을 보고 조금씩 주문해주는 사람이 늘어갔다. 지인의 소개로 셀렉트 숍 등에도 상품을 내놓을 수 있게 되었다.

겉으로는 순풍에 돛을 단 듯한 흐름이었지만, 3년 전에 괴로웠던 시기가 있었다고 한다. 주문이 줄어들어 수입이 불안정하게 되었던 것이다. 너무 부정적인 생각만 들어 모처럼 작정하고 들어선 구두 만들기 일에도 집중할 수 없어졌다.

"일단 일을 쉬고, 멕시코에 계신 아버지한테 여행을 갔어요. 기분전환을 위해 한숨 돌릴 필요도 있다고 생각했죠. 그때 아버지께서 '그만두고 싶으면 언제든지 그만 둘 수 있는 거니까, 조금만 더 계속해 보라'는 말씀을 하셨어요."

노다 씨의 아버님은 멕시코에서 회사를 경영하고 있다. 현지 스태프와 일을 하는 어려움이나 경영상의 곤란을 직면했던 적도 있었을 것이다. 그런 분의 조언이었기 때문에 격려가 되었고 용기가 났다.

"그래서 조금만 더 분발하자고 기운을 냈습니다. 구두에만 너무 집착했던 것 같아, 전혀 관계없는 음식점 아르바이트도 해봤어요. 몸은 힘들었지만 손님을 대하는 법을 익힐 수 있어서 좋은 경험이었죠. 그 사이 구두 주문량도 점차 안정되어 갔습니다."

구두 만들기는 정말 좋아하지만, 일에 대한 자부심이나 겉보기에 그럴 듯한 것에 얽매이고 싶진 않다.

"전 작가도 아니고 예술작품을 만드는 것이 아니잖아요? 융통성 있게 상황에 따라 균형감을 잃지 않는 사고방식이 더 소중하죠. 신어서 예쁘게 보이는 것을 만들자는 기준은 있지만, 이런 디자인만 하자는 제한은 없어요. 손님을 비롯해 다른 사람의 이야기를 잘 듣고 싶거든요."

쭉 혼자서 구두 만들기를 해왔지만, 지금은 일의 스타일을 어떻게 바꿀까 모색 중이다.

"일을 확장시킬까, 이 스타일대로 계속할까 하고 다음 단계를 고민하고 있어요. 일을 키우면 양산체제로 바뀌야 해서, 혼자서는 무리겠죠. 그렇지만 크게 키워도 제가 잘 조절해 나갈 수 있을지 역시 고민이에요. 일이란 5년 정도 집중적으로 몰두해서 계속해야 한다고 생각하지만, 10년 이상 계속해 내려면 다양한 시도를 해봐야 한다고 생각합니다. 구두 일을 쭉 계속해 나가기 위해, 어떤 것이 저에게 최상의 길일까 좀더 시간을 두고 계획해 볼 생각이에요."

# 노다 마리코

**아틀리에 & 숍**

구두공방 ZAPATEO

주소...도쿄 다이토구 아사쿠사 7-3-6 다마테츠 빌딩 2층, #1

전화...03-5731-6467(도쿄 사무소)

홈페이지...http://www.zapateo.com

**프로필**

1969년 출생

1992년 대학을 졸업하고 필름 회사에 취직.

1994년 구두 전문학교에 입학. 회사 일을 하면서 구두 만들기를 배움.

2000년 회사를 사직하고 독립.

2001년 본격적으로 활동을 시작. 현재, 오더 메이드 구두를 제작하면서, 구
두 전문학교 강사로도 일하고 있다.

**슈즈 디자이너가 되려면**...전문학교의 제화 강좌 등을 통해 만드는 법을 배
우는 것이 일반적이다. 개중에는 이탈리아 등 해외의 구두학교에 유학하는
사람도 있다. 드물게 독학으로 습득하는 사람도 있지만, 무척이나 어렵다.
학교를 졸업해도 꼭 취직을 할 수 있는 것이 아니고, 독립해서 구두를 제작
하는 사람이 많다.

최첨단이라고 하는 것들도 1초 후면 옛 것이 되는 시대.

아무도 관심 갖지 않던, 일본에 예부터 있던 '분재'에서 새로운 가능성을 발견했다.

거기서 모든 것이 시작되었다.

# 014

작 가 ● 다 지 마 리 사

# 팝 분재

## 분재는 연애처럼
## 생각대로 되지 않는 것이 재미있다

분재와 도기가 합체된 오리지널 작품인 '팝 분재(POPBONSAI)'라는 영역을 개척한 다지마 리사 씨. 세계 유일의 팝 분재 아티스트인 그녀가 분재와 만난 것은 지금으로부터 8년 전의 일이었다. "당시, 저는 라디오 프로그램 DJ나 잡지 기고 등 음악업계 일을 하고 있었어요. 그러던 어느 날 갑자기 아버지가 쓰러지시고, 의식불명 상태에 빠졌죠. 느닷없이 일어난 일이라 가족들 모두 깜짝 놀랐고, 앞날에 대한 이런저런 많은 이야기를 하던 중에 차라리 가족이 다 함께 해외이주를 해볼까 같은 이야기까지 나왔어요."

거기서 정신이 번쩍 들었다. 유학경험이 있는 다지마 씨는 영어 자체는 가능했지만, '일본인 다운 기술'은 아무것도 없었던 것이다. "아버지는 일식 요리사라 영어를 못하셔도 요리라는 기술을 통해 외국인들과도 커뮤니케이션이 가능했죠. 저는 영어만 걱정이 드는 반면에 아버지는 언어 이외의 형태로 이미 커뮤니케이션을 하실 수 있단 생각이 들었어요. 게다가 저 이외의 가족들은 모두 조리사 자격증이나 영양사 자격증을 갖고 있어서, 저만 이렇다 할 기술이 아무것도 없었죠."

영어를 쓰는 것은 해외로 나가면 당연한 일. 여기에 더해 일본인으로서 무엇을 해낼 수 있는가가 더 중요하단 생각이 들었다.

"일본인이면서 일본인다운 기술이 저에게는 아무것도 없단 걸 절실히 느꼈죠. 일본인이라 가능한 것을 찾고 싶단 생각이 들었어요. 그런 이야기를 피아노 선생님인 친구에게 했는데, '나라면 피아노 조율사나 분재'라고 해서, 딱 떠올랐어요."

미국영화에 분재가 나올 정도로 해외에서는 '분재하면 일본'이라는 이미지가 이미 확립되어 있었다.

"얼른 인터넷으로 '분재'를 검색해 보자 해외의 여러 사이트가 나왔어요. 일본에서 보는 분재와 좀 다른 느낌이 많아서, 이거라면 해볼 가치가 있다는 생각이 들었어요."

지금이야 일본에서도 분재교실이 많이 생겼고, 미니 분재를 자택에서 키우는 젊은 여성들도 늘고 있지만, 당시에는 분재라고 하면 '할아버지가 정원에서 키우는 것'

같은 이미지뿐이었다. 모던한 현대 감각의 분재가 없었던 것이다.

"구태여 그런 분야에 뛰어든 것은 넓은 길보다 좁은 길을 선택하는 특이한 사고방식이 있었기 때문이에요. 많은 사람들이 이미 하고 있는 장르보다 사람들이 별로 하지 않는 분야가 재미있고, 길이 좁다곤 해도 미래가 있다고 생각하는 타입이죠. 게다가 분재는 국가 자격시험이 있는 것도 아니라, 음악 일을 계속하면서 조금씩 저만의 페이스로 할 수 있는 점도 저에게 있어선 무척 매력적이었어요."

재빨리 다음날 서점에서 분재 잡지를 구입. 그렇지만 어디로 찾아가야 분재를 배울 수 있는지 알 수 없었다. "무턱대고 출판사 편집부로 전화해서 '어디서 배울 수 있을까요?' 라고 묻자 편집장님이 분재 전시회에서 만나주신다고 하셨어요. 여성이 분재에 흥미를 가지고 있다는 것과 음악 일을 하고 있어서 관심을 주신 것 같아요. 3시간 정도 이야기를 하고 어떤 분재원을 소개받았어요. 당시 저는 지금보다 외모가 더 화려해서 '뭐야, 이런 여자가 분재를 한다고?' 라는 느낌을 줬던 것 같아요(웃음)."

분재원에서 기본적인 기술을 익히고, 전시회에서 만난 업자들에게도 분재에 관한 폭넓은 지식을 배웠다. 게다가 분재를 시작하고 겨우 3개월 후에는 분재 화분을 만들기 위해 도예교실도 다니기 시작했다. "분재 전시를 보고 진짜 좋은 나무라고 생각한 것은 있었지만, 어느 게 어떤 분의 작품인지 전혀 몰랐기 때문이었어요. 한눈에 보고 저만의 분재라는 것을 알게 하고 싶었는데, 그러자면 기존의 화분으로는 한계가 있다고 생각한 거죠. 그래서 도예도 시작했어요."

다지마 씨가 만든 화분에는 다리가 달려있다. 보고 있으면 각각의 화분에 캐릭터가 느껴진다. "어느 날 문득 떠올라 다리를 붙여봤더니, 무척 재미있는 거예요. 마치 캐릭터처럼 만드는 동안 자연스럽게 이것저것 표현할 수 있었고요. 화분을 무척 잘 만들고 싶다거나, 아름다운 화분을 만드는 데는 관심이 없어요. 그런 것들은 기존에도 많이 있으니까요."

반년이 채 지나지 않아서 개인전을 열었고, 이듬해 가을에는 2회째 개인전을 개최했다. 그때 〈POPBONSAI〉라는 이름이 탄생했다. "제가 만드는 것들은 정통파 분재처럼 생각하면 안되요. 분재로 보면 이단아니까요. 다른 이름을 붙이려고 많이 생각해 봤어요. 뮤지션이 새로운 밴드명을 고민하는 것처럼요."

다음은 프로모션 단계. "각종 매체로 홍보나 DM을 작성해서 여러 곳에 보내기도 하고, 상품으로 제안해 보기도 했어요. 음악업계에서 해온 일이 그대로 도움이 되었지요. 프로모션 비디오까지 만들었을 정도니까요."

흥미로운 활동이 주목받아 일본 내에서 뿐만 아니라, 외국을 겨냥한 책까지 출간했다. 그런데 자신의 작품인 분재를 판매까지 할 생각은 없다고 한다. "화분은 팔아도 제가 키우고 있는 분재를 파는 것은 뭔가 잘못됐다고 생각해요. 제 작품이지만 살아 있는 생명체라 가격을 매길 수 없어서요. 분재는 스스로 만들어서 키우는 것이 좋아요. 생물이니까 생각한대로 자라지 않거든요. 점점 형태가 변해가지만, 그것이 재미고요. 분재란 연애 같아요. 분재 키우기를 할 수 있다면 좋은 연애를 할 수 있다고 생각합니다." 분재에는 완성도 없고 끝도 없다. 돌연 말라 죽어버리는 일도 있다.

"자신의 지배 하에 두는 것이 아니라, 파트너로 대등하게 키워야 해요. 인간관계와 똑같지요. 분재에서 많은 것을 배우고 있습니다."

다지마 씨는 현재, 릿쿄대학 대학원에서 이문화 커뮤니케이션을 배우고 있다. 인간과 자연이 친해지는 데에 팝 분재가 공헌할 수 있는 일을 모색하고, 환경교육으로 연관지어가고 싶다는 생각이다. "팝 분재가 없었다면, 이런 일에 흥미를 가질 계기도 없었을 거예요. 저는 분재나 자연은 치유를 주는 게 아니라고 생각해요. 자연이 치유를 준다는 사고방식이 더 인간중심적이고 오만한 거예요. 식물은 그 자체로 자유롭게 살아가는 것이라, 인간을 치유하기 위해 존재하는 게 아니거든요. 동료나 친구처럼 함께 살아가고 있단 느낌이죠."

하고 싶은 맘만 있다면 쭉 계속할 수 있다. 분재든 물건 만들기든 끝은 없다.

"어느 날, 누구나 다 아는 대가인 뮤지션과 인터뷰를 할 기회가 있었습니다. 그분에게 '아직도 작품을 발표할 때는 불안하다. 아무도 관심을 가져주지 않을까 걱정된다'는 말을 들었습니다." 그 정도의 위치에 선 사람마저 그렇다는 것에 놀랐다.

"역시 모두 같다고 생각해요. 물건을 만드는 사람은 늘 불안을 안고 계속해서 만들어 나가는 거라고요. 해고나 퇴직이 없으니까요. 자신의 각오 하나만 있다면 어떤 형태로든, 어디까지라도 계속해나갈 수 있는 것 같아요."

# 다지마 리사

### 아틀리에 & 숍

아틀리에 비공개

홈페이지...http://www.popbonsai.com

http://www.browse.ne.jp/ (BROWSE)

### 프로필

**1967년** 출생

**1991년** 해외유학을 거쳐 라디오 세계로 들어옴. DJ 외에 자유 기고가 일도 시작함.

**1999년** 전 일본 소품분재협회에 가입, 회원이 되어 분재 공부를 시작함.

**2000년** POPBONSAI(팝 분재) 활동을 개시.

**2004년** 해외용 분재 책 출간. 현재, 팝 분재의 새로운 가능성을 모색하며 꾸준히

제작, 활동 중.

**분재가가 되려면**...분재교실 등에서 기본적인 기술과 지식을 습득하고, 분재원 등

에 취직하는 것이 일반적이다. 일본에서는 도제 형태로 사사하는 분재가가 많아,

수업은 5년 이상을 요한다. 독학으로 분재 기술을 갈고 닦아 분재 전시회에 출품해

작가로서도 높은 평가를 받는 사람들도 있다.

# 015

작 가 ● 나 가 사 키 유 키

## 은공예

금이나 플래티넘보다 부드럽다.

그래서 은은 자유로운 조형이 가능하다.

나가사키 씨에겐 그 무엇에도 구애받지 않는

자유로운 마음을 형상화 하기에

이보다 더 좋은 소재는 없었다.

## 평생의 일로 삼자던 첫마음을
## 지켜나가고 싶다

〈Yuki Silver Works〉라는 이름의 공방에서 은반지나 목걸이 등의 액세서리를 제
작하고 있는 나가사키 유키 씨. 이 길에서만 20년이 넘은 베테랑이다. 고교시절에
지인에게 소개받은 조금(彫金) 아틀리에에서 액세서리 제작을 시작했다.

"일주일에 몇 번 정도 방과 후에 다녔어요. 기술을 배우면서 일을 도와드리는 형태
로요. 그 사이 조금씩 급료를 받게 되었는데, 24살 무렵 그곳을 그만두었어요."

그 이유는 여행의 매력에 푹 빠져버렸던 것. "스무 살 때 처음으로 인도와 네팔 여
행을 갔는데요. 좋은 의미로 굉장한 컬처쇼크를 받았어요. 일본에 돌아와서도 하

루 빨리 또 다음 여행을 나가고 싶어서 안절부절 못하는 상태가 되어버렸죠."

일을 그만두고 1년간 여행을 떠났는데, 귀국 후에도 음식점 등에서 단기 아르바이트를 하면서, 돈만 모이면 바로 여행에 나서는 생활을 계속했다. "20대 후반까지, 그런 생활을 계속했어요. 그동안 은공예 일과는 떨어져 지냈고요."

20대 후반에 접어들자, 다시 조금씩 작품을 만들게 되었다. 갤러리에서 합동 발표회 등도 열어서 띄엄 띄엄씩 주문도 들어왔다.

"그렇지만, 은공예 일만으로는 전혀 먹고 살 수가 없었기 때문에, 화방에서 아르바이트를 시작했습니다. 그러다 거기서 정식 직원으로 들어오라는 권유를 받았지요."

그때 문득 생각했다. 나는 이 일이 정말 좋아서 하는 걸까 하고. "직원이 되어 화구

재료상을 평생의 일로 해도 좋을까 생각해 봤을 때, 그렇지 않다는 걸 깨달았죠. 은공예 액세서리 제작을 제대로 일로 해나가자고 새삼스럽게 결심했습니다."

다행이 당시 살던 곳은 단독주택이었다. 은 가공작업에는 가스버너나 쇠망치, 쇠를 두드릴 때 쓰는 받침 쇳덩이인 모루를 사용한다. 큰 소리가 나기 때문에 주택같은 건물에서는 작업이 불가능하다.

"집에서 반년 정도 액세서리를 만들고 작품을 모아, 전시회장을 빌려서 한꺼번에 전시판매하는 식으로 활동을 시작했습니다. 작품을 본 분들이 차츰 주문을 주셔서 점차 일로 자리 잡아 나갈 수 있게 되었죠."

그러던 어느 날, 지역 재개발로 인해 집이 아파트로 재건축하게 되었다. "갑자기 선택의 기로에 서버렸어요. 그때가 가장 궁지에 몰린 느낌이었죠. 시골에 틀어박혀서 제작을 할까도 생각했지만, 그러면 판매 면에서 어쩔 수 없이 약해지잖아요. 아틀리에를 빌리려고 해도 혼자서 사용하기 적합한 공간이 없어요. 일을 계속할 수 있을까 걱정될 만큼 기로에 놓였었죠."

운 좋게 아파트 설계사로부터 현재의 아틀리에 장소를 사용하면 어떻겠냐는 제안을 받고, 건물주도 동의해 주었다. "원래는 아파트 창고로 세워진 건데요. 다섯평 정도로 내장공사를 하면, 화장실이나 싱크대도 둘 수 있고, 무엇보다 인근에 신경쓰지 않고 작업할 수 있었죠. 두말 없이 바로 달려들었어요."

그로부터 10년 이상, 쭉 이 장소를 아틀리에 겸 판매공간으로 사용하고 있다. "여기를 사용하게 되었던 것은 정말 행운이었어요. 이전에는 집에 박혀서 작업을 하고, 인근 갤러리를 빌려 작품을 발표했는데, 여기라면 직접 손님을 맞이할 수도 있고, 판매도 가능했거든요."

어린 시절부터 이곳에 살고 있었기 때문에 인근 사람들이 찾아와주는 것도 즐거웠다. "이렇게 멋진 일을 하다니 하면서 모두들 한 점씩을 사주셨어요. 그것도 퍽 고맙고 기뻤습니다."

작업은 세밀한 부분까지 모두 자신의 손으로 만든다. 가능하면 외주는 내지 않는다. 외부에 발주하면 작업공정이 편해지는 걸 알지만, '전부 내 손으로 한다'는 철칙을 지키고 싶단다. 일의 규모를 키워가는 일도 흥미가 없다.

"이런 일에 규모를 키웠다가는 양산체제로 가지 않으면 무리거든요. 그러자면 형태를 떠서 같은 제품을 만들고, 마무리만 하게 되요. 그런 건 일로서는 시시하죠. 물론 편하고 어느 정도 수입을 기대할 순 있지만, 그렇게 하고 싶지 않았거든요(웃음)."

정해놓은 것대로 똑같이 만들어내는 일은 재미없다. "같은 시리즈의 물건이라도, 전부 손으로 만드니까 하나씩 차이가 있어요. 마흔이 넘었을 무렵부터, 인생은 한 번 밖에 없다는 생각이 점점 강해져서요. 하고 싶지 않은 것을 무리해서까지 하는 건 시간낭비라고 생각하게 되었어요."

홈페이지를 만들어서 메일로도 일을 주문받게 되었다. 보지도 알지도 못하는 사람들이 메일을 보내고 주문해주는 것도 참 재미있단다. "자신이 쓸 것을 주문하는 사람도 많지만, 남성이 여성에게 선물용으로 주문하는 일이 가장 많습니다. 한참 후에 그 여성들로부터 감사의 메일이 오면 그게 또 무척 기뻐요."

주문내용은 완전히 맘대로 해달라고 맡기는 경우가 있는가 하면, 세밀한 디자인 그림까지 준비해 요청하는 사람도 있다.

"기술적으로 가능하다면, 될 수 있는 한 주문대로 정성껏 만들려고 해요. 그렇지만 몸에 착용하는 것이라 아무래도 무거워지면 안 되서, 좀 제약이 있는 편이죠."

어려운 주문을 받는 경우도 있는데, 그것이 오히려 자신에게는 플러스가 된단다.

"곤란한 주문을 받아도 그것을 형태로 만들어 내기 위한 시행착오를 거치면, 저 자신의 기술도 향상돼요. 제가 만들고 싶은 것만 계속 만들고 있으면 솜씨가 떨어지죠. 지금까지 하지 않았던 것을 해보지 않으면, 가능한 것만 해야 하기 때문에 향상되지 않아요. 그건 이런 일을 하고 있는 이상, 평생 계속되는 패턴일 거예요. 그런 의미에서는 저 자신이 손님들에게 배우고 있다는 느낌이죠."

그녀의 작품 스타일은 점차 심플한 것으로 변화해 왔다.

"과거의 작품은 좀더 디자인에 집중한 게 많았어요. 오히려 심플한 쪽이 결점이 잘 두드러져서 만들기 힘든 편이거든요. 한곳이라도 찌그러지면 처음부터 다시 만드는 수밖에 없어요. 실수가 용납되질 않는 거죠."

20년 이상, 작품 만들기를 일로 해온 나가사키 씨. 물건 만들기를 일로 하고 싶다고 생각하고 있는 젊은이들에게 전하고 싶은 말을 물어봤다.

"이 일을 평생의 일로 하려고 생각했던 최초의 마음을 소중히 여겨야겠죠. 저도 부정적인 맘이 되었을 때, 헤맬 때, 괴로울 때, 작품 만드는 일에 순수하게 열심이었던 시절의 제 모습을 떠올릴 때가 가끔씩 있어요."

생활을 위해서는 돈을 모으는 일도 중요한 요소지만, 그것만이 목적이 되어버리면 본말이 전도된다.

"자신을 지켜내는 주축이 어긋나진 않았는지, 기회 있을 때마다 제대로 확인하는 일도 중요합니다. 저는 지금, 48살이에요. 나이를 먹으면서 점점 무리하게 일하지 않게 되었고, 집중력도 쇠퇴해갑니다. 그러면서도 일을 계속하면서 만들어낸 것들은 한층 빛이 나죠. 저만이 가능한 일을 하는 기쁨은 그 무엇과도 바꿀 수 없을 만큼 아주 크니까요. 뭐, 지금보단 더 돈을 벌어야 하겠지만요."

# 나가사키 유키

### 아틀리에 & 숍

Yuki Silver Works

**주소** .. 도쿄 세타가야구 아카츠츠마 2-43-12

　　　　베르크 아카테어산반칸 2층

**전화** .. 03-3328-5950

**영업시간** .. 11:00~18:30

**정기휴일** .. 화요일

**홈페이지** .. http://www13.ocn.ne.jp/~yuki.s.w/


### 프로필

**1959년** 출생

**1977년** 고교시절 액세서리 제작을 시작.

**1992년** 본격적으로 은공예 일을 시작.

**1996년** 아틀리에를 만듦. 현재, 오리지널 작품, 리메이크 작품, 오더 메이드

까지 폭넓게 실버 액세서리를 만들고 있다.

**은공예 작가가 되려면**...금속공예를 가르치는 학원이나 전문학교 등에서

공부하기도 하고, 공방에 들어가서 프로들 아래서 어시스트로 경험을 쌓는

등, 기본적인 기술을 몸에 익힐 필요가 있다. 실버 액세서리 디자인이나 제

조를 하는 회사에 취직하는 방법도 있다.

# 먼저, 손을 움직여 만들어 보자!

카페나 잡화점 주인, 플라워숍 등 매력적인 가게를 만든 여성들의 실제 이야기를 묶은 책으로 『20대에 가게를 시작했습니다 – 여성 오너 15인의 창업 이야기』를 펴낸 후, 그 2탄으로 이 책을 만들게 되었습니다. 도예가, 잡화 작가, 가죽 소품 작가, 스테인드글라스 작가 등. 다양한 스타일로 '물건 만들기'를 하는 여성들의 이야기를 들었습니다. 어째서 이 일을 선택한 것일까, 어떤 길을 거쳐서 이 일에 이르게 되었는가. 물건 만들기를 일로 한다는 건, 어떤 의미인가…….

'취미와 일은 다르다'고들 흔히 이야기 합니다. 분명 물건 만드는 것을 일로 하는 것에 대한 책임이나 중압감은 취미로 뭔가를 만드는 것과는 크게 다릅니다. 단지, '자신의 손으로 뭔가를 만들어내고 싶다'고 최초에 품었던 생각은 프로나 아마추어의 구분이 없는 것 같습니다.

뭔가 만들어보고 싶다……, 그런 생각이 들었다면 우선 자신의 손을 움직여 보세요. 가까이에 있는 가능한 것부터 해보세요. 그것이 형태가 되어 가면, 모르는 사이에 새로운 한 걸음을 내딛게 되는 것입니다.

다가와 미유

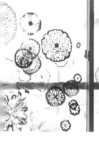

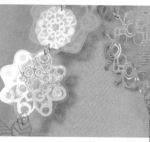

# 만드는 것
# 일로,
# 삼았습니다

초판 1쇄 2010년 3월 26일 발행

지은이 다가와 미유
옮긴이 김옥영

발행인 승영란
편집인 김태진

기획편집 〈2nd 키친〉 김옥영
디자인 유혜영
마케팅 함송이
경영지원 이나영

찍은곳 애드샵
펴낸곳 에디터

주소 서울 마포구 공덕동 105-219 정화빌딩 3층
문의 02-753-2700, 2778
팩스 02-753-2779
등록 1991년 6월 18일 제 313-1991-74호

값 12,000원

ISBN 978-89-92037-51-8   03320